玉と砕けず

大場大尉・サイパンの戦い

秋元健治
Kenji AKIMOTO

現代書館

玉と砕けず＊目次

はじめに

今から半世紀以上前になる太平洋戦争の後期、南太平洋のマリアナ諸島のサイパン島では、アメリカ軍上陸部隊と島を守る日本軍守備隊との間に激烈な戦闘がおこなわれた。日本がマリアナ諸島の軍事的な中核サイパン島を失うことは、アメリカが開発した新型の長距離戦略爆撃機によって、日本国民が直接に生命の危機にさらされることを意味した。そのため東條英機内閣と大本営は、マリアナ諸島を含む絶対国防圏を宣言、それを死守することを厳命した。しかし日本海軍の空母機動部隊がマリアナ沖海戦で壊滅すると、サイパン島への増援や補給も困難となった。大本営は、国防圏をさらに後退させ、サイパン島の放棄を決定してしまう。

圧倒的兵力のアメリカ軍上陸部隊を相手に、日本軍守備隊は「水際作戦」で迎え撃とうとするが、アメリカ艦艇の激しい砲撃と空母艦載機の空爆を受け海兵隊の上陸を許した。戦場は密林や山岳地帯へ移ったが、日本軍守備隊では戦死者が続出し、日に日に追いつめられていく。そして最後の日本軍の組織的攻撃は玉砕だった。また島の住民である日本人は、アメリカ軍の捕虜となった際の暴行や拷問を恐れ、手榴弾や断崖からの投身による自殺で最期を遂げた人びとも多かった。

アメリカ軍は、サイパン島などマリアナ諸島の島に長距離戦略爆撃機B－29の航空基地を急ぎ建設した。そして日本の都市への大規模無差別空襲、人類史上初の核攻撃となる広島と長崎への原子爆弾投下をおこなった。

しかし、そのころ当時の日本人が知らなかったもうひとつのサイパン島での戦いが始まっていた。実は「玉砕」後にも、この島での戦いは続いていたのだ。日本軍守備隊の「玉砕攻撃」で生き残った日本兵たちはアメリカ軍と持久戦を続け、戦局もわからないまま、民間人とともに必死に生き抜いた。そして終戦後、民間人たちをアメリカ軍に投降させ、そして自らも自殺的攻撃を思いとどまり投降した。この部隊の指揮官と兵士たちは、アメリカ軍からも尊敬の念をもって迎えられた。

戦後の日本社会には、過去の日本兵の英雄など必要なかったし、中国大陸で日本兵がおこなった南京事件などの蛮行や慰安婦問題で、日本兵はいつも悪者だった。新しく生まれかわった日本では、日本兵は忘れ去られるべき存在だった。長い年月、大戦中の日本兵は、国の恥や彼ら自身が戦争の犠牲者とみなされてきた。しかし、どんな国の兵士もそうであるように、国を守る使命をかたく信じ、自らの命を失うことも厭わず、勇敢に戦った多くの者たちがいた。その称賛や名誉に値する行為を、否定するのは理不尽なことと思う。それは戦争の是非を問う思考とは、違う次元でなくてはならない。

終戦から六十余年もの歳月を経た現在、アメリカ合衆国の自治領となったサイパン島は、南国のリゾート地へと姿を変えた。浜辺にはビキニの女性たちと日焼けしたサーファー、街にはダイビングショップ、リゾートホテル、みやげ物店が建ち並ぶ。しかしこの島の各地には、日米が熾烈な戦闘をおこなった洞窟や兵器の残骸があり、当時の様子を今に伝えている。島北端のマッピ岬の鋭く切り立つ断崖は、「バンザイクリフ」(Banzai Cliff) と呼ばれる。そこはサイパン戦の終わりに、大勢の女性や子ども、老人を含む島の日本人たちが身を投じた悲劇の場所だった。今も遺族が訪れ、慰霊碑に線香と花束がたむけられる。

本書は、前半部で、サイパンの戦いのおこなわれた背景と戦闘の様子について述べている。そして後半部では日本軍守備隊が壊滅した後、島の密林や洞窟に潜み、民間人を守り、生きるための戦いを続けた日本兵たちのことを述べていきたい。

サイパン島　地形図（1944年5月）

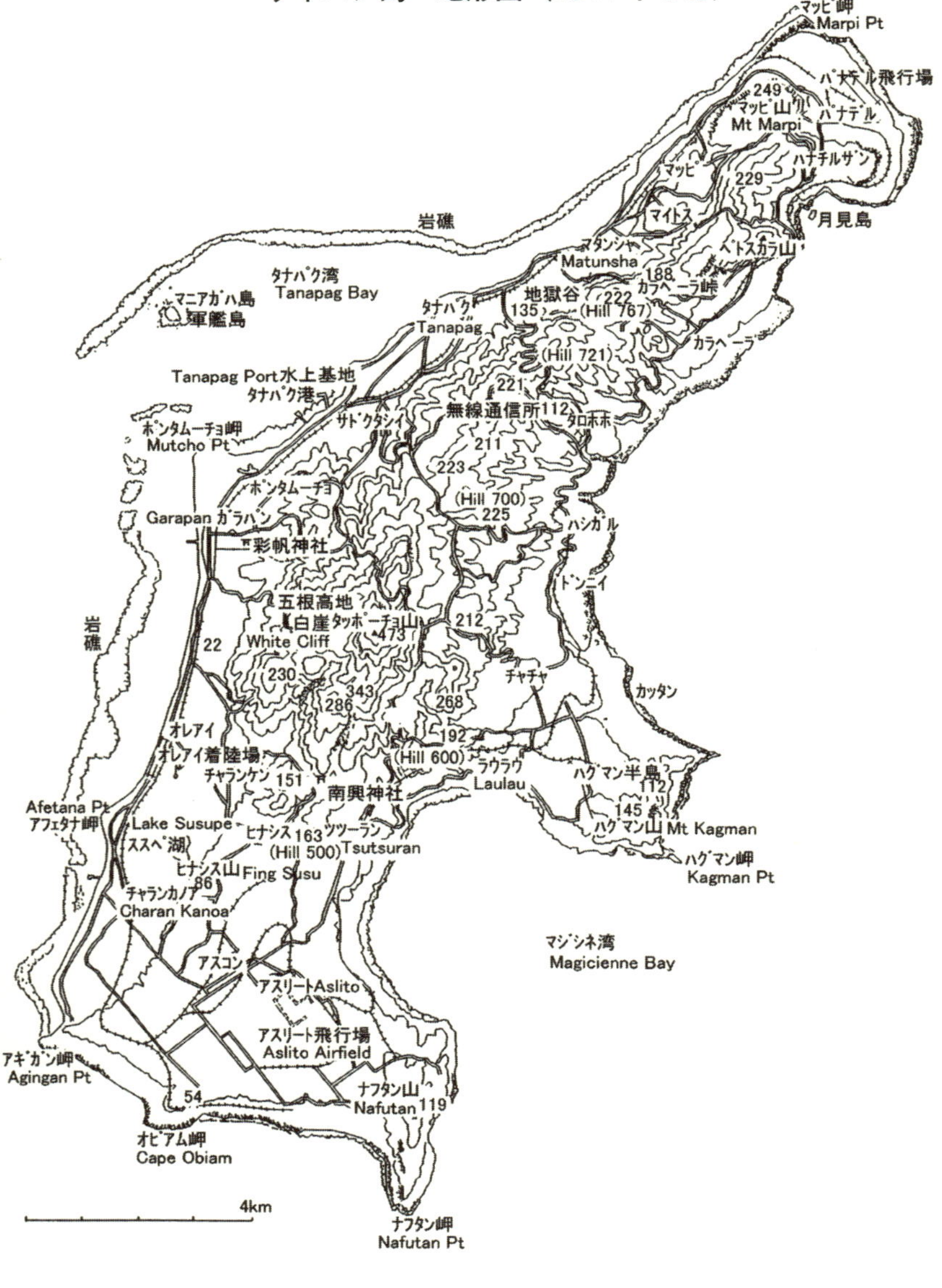

第一章　委任統治領サイパン

日本の委任統治領

サイパン島を含むマリアナ諸島を戦前、日本では「内南洋諸島」と呼んでいた。それは、ミクロネシア北西部に弧状に連なる島々で、南北約八〇〇キロメートルの海域のおもだった一五の島からなる。マリアナ諸島は、北西太平洋とフィリピン海の境界に位置し、その北方には小笠原諸島がある。マリアナ諸島の島々のなかで、軍事的に重要とされたのは、飛行場建設に適した広い平野、良港をもつサイパン島、テニアン島、ロタ島、グアム島だった。

南北に細長いサイパン島は、サンゴ礁が隆起した島で石灰岩でできている。サイパン島は、南北一九・二キロメートル、面積は一八五平方キロ、東西にかけてもっとも狭いところで二・四キロメートル、もっとも広いところで九・六キロメートルである。島の中央部を山地が貫き、その最高峰は標高四七三メートル、日本人移民たちから「南洋富士」と呼ばれたタッポーチョ山がそびえる。

サイパン島などのマリアナ諸島を最初に訪れたヨーロッパ人は、大航海時代のスペイン人だった。一五二一年三月六日、五隻の船団を率いるフェルディナンド・マゼランが、これらの島々を「発見」した。このとき、マゼランの部下はサイパン島で原住民チャモロ人を虐殺している。そしてスペインは、一五六五年にこれらの島々の領有を一方的に宣言する。それは約三百年間にわたるスペイン支配の始まりだった。これらの島々が、マリアナ諸島と名づけられたのは十七世紀初頭だった。イエズス会宣教師ディエゴ・ルイス・デ・サンビトレスが島を訪れ、スペイン王フェリペ四世の皇后マリア・アンナ（マリアナ）を一連の島々の名とした。

一六六八年以降、イエズス会は島の人びとに精力的に布教活動をおこないキリスト教化が進んだ。しかしサイパン島では、原住民の伝統的習慣に異を唱える宣教師たちに反感をもったチャモロ人が、一六七〇年に伝道師を殺害してしまった。この事件はスペイン＝チャモロ戦争に発展し、スペインは軍隊を導入し多くのチャモロ人を虐殺した。

島の先住民との戦争を経て、スペインは一六六七年にマリアナ諸島を植民地とし、数万人ものスペイン人入植者を島々に送り込んだ。その後、スペインは、島から島へ住民を強制的に移住させ、伝道師殺害事件など先住民のみならず入植者の生活までもが混乱した。まず一六九五年にサイパン島の北方にある島々の住民をサイパン島に強制移住、その三年後、サイパン島の住民すべ

中部太平洋の島々

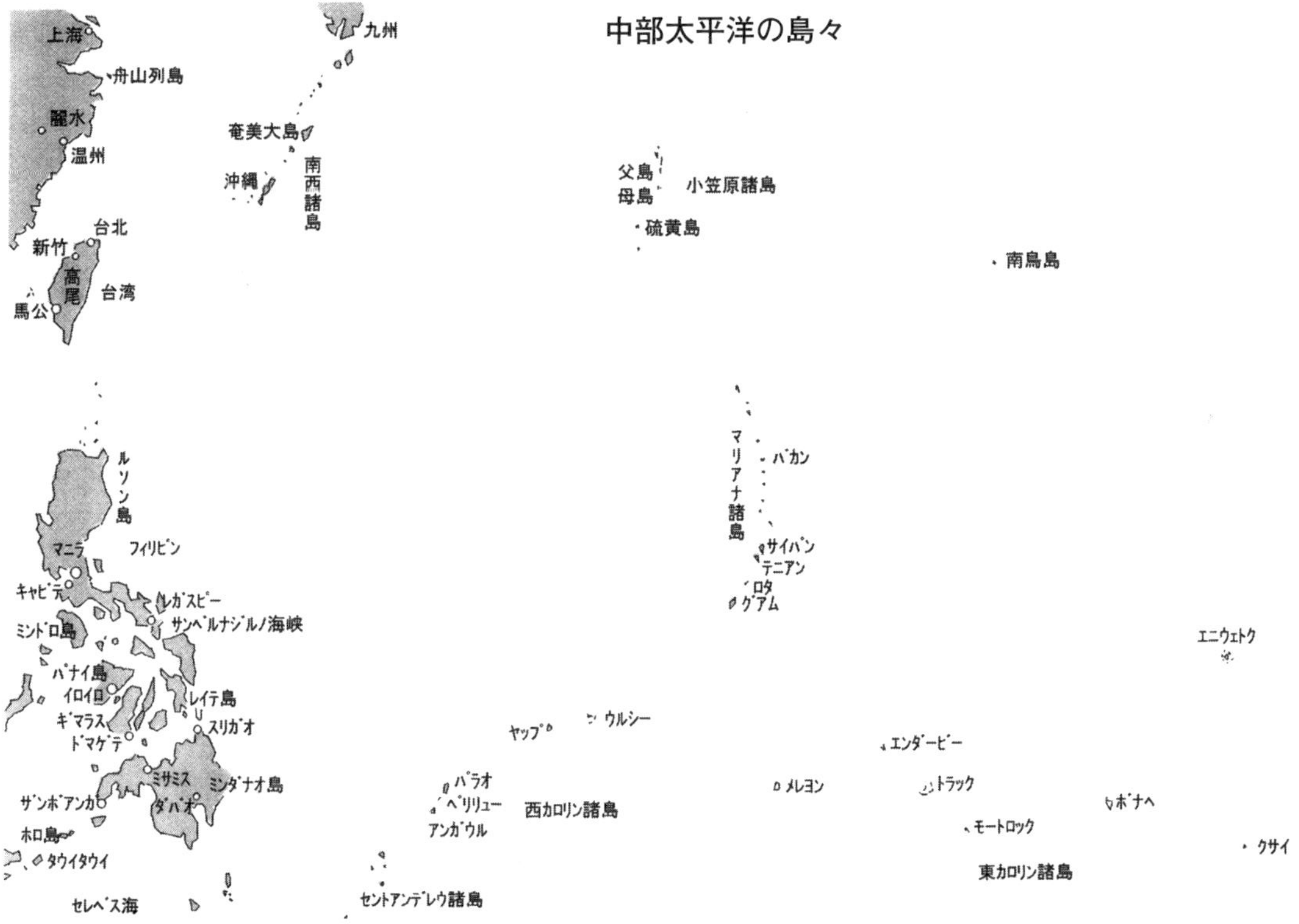
上海
舟山列島
麗水
温州
台北
新竹
高尾
台湾
馬公
九州
奄美大島
沖縄
南西諸島
父島
母島
小笠原諸島
硫黄島
南鳥島
ルソン島
フィリピン
マニラ
キャビテ
レガスピー
サンベルナジルノ海峡
ミンドロ島
パナイ島
イロイロ
レイテ島
ギマラス
スリガオ
ドマゲテ
ミサミス
ミンダナオ島
ザンボアンガ
ダバオ
ホロ島
タウイタウイ
セレベス海
マリアナ諸島
パガン
サイパン
テニアン
ロタ
グアム
エニウェトク
ヤップ
ウルシー
エンダービー
パラオ
ペリリュー
アンガウル
西カロリン諸島
メレヨン
トラック
ポナペ
モートロック
クサイ
東カロリン諸島
セントアンデレウ諸島

てを南方のグアム島へ移した。無人島となったサイパン島へは、一八一五年にカロリン諸島のサタワル島から酋長アグルブの率いる先住民たちが移り住んだ。スペインはこの移住を認めたため、サイパン島へは他の島へ強制移住させられた人びとも帰って来た。

マゼランの来航時に、マリアナ諸島にはチャモロ人、カナカ人など約二万五千人の住民がいた。しかしそうした先住民は、スペインの統治時代の虐殺や他の島への強制移住、ヨーロッパからもちこまれた伝染病の蔓延などで約五千人にまで減少してしまった。

一八九八年、アメリカ合衆国とスペインの間で米西戦争が起こった。スペインは新興国アメリカに敗北し、カリブ海および太平洋のスペインの植民地をアメリカが獲得した。マリアナ諸島もアメリカの植民地となったが、アメリカはグアム島以外の島々をカロリン諸島やマーシャル諸島とともにドイツに売却してしまった。

ドイツはマリアナ諸島の統治に努めたが、それは長くは続かなかった。マリアナ諸島の命運を変えたのは、また戦争だった。一九一四年の第一次世界大戦で連合国軍側についた日本は、戦争中にドイツの植民地マリアナ諸島を含む赤道以北の島々を占有し実効支配する。そして一九二〇年、戦後処理のために開かれたパリ講和会議のベルサイユ条約において、グアム島を除くマリアナ諸島は日本の委任統治領と認められた。サイパン島は彩帆島《さいぱんとう》と書かれ、南洋諸島の中心として、南洋庁サイパン支庁を設置、日本人入植者の手で殖産興業が進められた。ただしこの島は、日本の植民地ではなく、国際連盟の委任統治領なので軍事化はできなかった。サイパン島は、日本から約二二〇〇キロ、当時の日本のアジア太平洋政策の基本、大東亜共栄圏構想の最南端となった。

一九三三年、中国問題でアメリカなどと対立を深める日本は国際連盟を脱退するが、南洋諸島は日本の構成部分で不可分一体だと宣言した。サイパン島の人口は、日本の委任統治領になって以降、国策移民で急増していた。太平洋戦争中の一九四三年八月、サイパン島の戦いの前におこなわれた調査では、日本人二万九三四八人、島人（主としてチャモロ人）三九二六人、外国人一一人となっている。ここでの日本人のなかには、当時は日本国籍だった朝鮮人・台湾人も含まれていた。

マリアナ諸島、その中核となるサイパン島は、日本にとって軍事的要衝だが、前述のとおり島は国際連盟の委任統治領であるため太平洋戦争前、島の軍事化は控えられた。しかし港や飛行場、道路などの整備は、島の要塞化を前提に進められた。一九四〇年ころ、島で最大の町ガラパンからチャランカノア、アスリート、マタンシャなどの町へは、軽便鉄道、乗合自動車の定期便が走り、山間部でもほとんどの地域に道路がつくられた。有線通信は、軍専用とサイパン郵便局、南洋興発株式会社の私設電話が島内各地に設けられた。サイパン島とその南のテニアン島の間には、海底に有線通信が敷設された。また日本郵船は一九一七年、日本への定期便を就航させている。

マリアナ諸島での日本の支配を確かにするため、島の経済を発展させ、日本人移民を増やし、島に連れてきた朝鮮人と先住民には皇民化政策を徹底する方針がとられた。サイパンの気候風土は、サトウキビ栽培に適しているため、製糖業が早くから注目された。当時、日本が領有していた台湾は製糖業が発展し、また第一次世界大戦でヨーロッパの精糖業が壊滅状態で、世界的に砂糖価格は高騰していた。このため日本政府は、南洋群島の製糖業を振興した。サイパン島では西村拓殖株式会社が、西海岸のチャランカノアに製糖工場を建て、一九一八年から操業を始めた。製糖業の労働者は募集に応募した朝鮮人、沖縄出身の日本人だったが、沖縄出身者の割合が増加し、彼らがサトウキビ畑の労働を担うようになった。

その後、西村製糖は国策会社の南洋興発株式会社に買収された。同社は原生林を伐採して広大なサトウキビ畑に変え、製糖工場を拡張、サイパン島の隣のテニアン島にも製糖工場を建設した。南洋興発株式会社は日本本土への砂糖の販売で大きな利益をあげ、次第に鉱業・貿易業・油脂・交通運輸など他の分野へも事業を広げ、五万人以上の従業員を擁する南太平洋最大の企業に成長する。太平洋戦争初期、南洋興発株式会社は、軍需品の荷役や貯蔵など太平洋の島々の軍事化に関連した「大東亜共栄圏南方建設事業」を日本軍から受注してさらに発展した。

島最大の町ガラパンは、南洋興発の企業城下町として栄えた。ガラパンには、マリアナ諸島の行政や経済の中心として南洋庁サイパン支庁が置かれ、公庁・警察署・病院・映画館、多くの商店や飲食店があった。料亭も軒を並べ、南洋庁の職員、商人や労働者・女給・軍人たちの往来のなかに、艶やかな着物に身をつつんだ芸者の姿も見かけられた。ガラパンは最盛期、人口が約一万四〇〇〇人にまでなり、「南洋の東京」と呼ばれる賑わいだった。

サイパン島は国際的には軍事化が禁じられていたが、日本は一九三三年に国際連盟を脱退す

サイパン島最大の町ガラパンの幼稚園で催された「大運動会」での様子（1936年）。

るとその禁則も無効となり、日本は急速に島の要塞化を進めた。島南部の平野部にアスリート飛行場、西海岸タナパク港に海軍の水上基地が建設された。そして一九四一年十二月八日（ハワイ時間では七日）、日本海軍の真珠湾攻撃で日米開戦になると、島の防御を担当する海軍が陸戦部隊である第五特別根拠地隊を強化した。太平洋戦争後期の一九四三年から四四年にかけて、大本営は中国大陸の関東軍から約十万人、また名古屋にあった第四三師団をはじめとする部隊をサイパン島などマリアナ諸島に配備し、アメリカ軍の侵攻に備えた。

絶対国防圏

日本の真珠湾攻撃で始まった太平洋戦争は、国家間の同盟関係でヨーロッパとアジアの戦争を一体化させ、世界大戦という惨禍がふたたび繰り返されることになった。緒戦は優勢だった日本軍であるが、一九四二年六月のミッドウェー海戦、一九四三年二月のガダルカナル島陥落、一九四三年五月のアッツ島玉砕、一九四三年十一月のタラワ島とマキン島の玉砕と敗北が続き、兵力減耗と資源不足でしだいに窮地に追い込まれていく。アメリカ軍は、ソロモン諸島・ギルバート諸島・マーシャル諸島・ニューギニア島のパプア半島を攻略、カロリン諸島・パラオ諸島、そしてマリアナ諸島へ迫った。

太平洋での戦局が日本軍劣勢となる状況下、大本営と日本政府は一九四三年九月三十日、御前会議において「帝国戦争目的達成上絶対確保ヲ要スル圏域」を決定する。これがいわゆる絶対国防圏であり、守勢に立たされた日本の戦争継続と本土防衛のため、絶対に守るべき領土・海域を示していた。それは千島列島・小笠原諸島・マリアナ諸島・カロリン諸島・西部ニューギニア・スンダ・ビルマを含む圏域だった。

当時、大本営はアメリカが新型の長距離戦略爆撃機B－29を完成させたことを知っており、その航続距離は約四五〇〇キロと推測された。とすれば日本から約二二〇〇キロ離れたマリアナ諸島がアメリカ軍の手に落ちれば、そこを拠点とした本土空襲が確実となる。都市空襲で大勢の民間人死傷者がでれば、戦争継続が困難になり、また有利な条件での講和もおぼつかない。なにがなんでも絶対国防圏、ことにマリアナ諸島を死守しなくてはならない。マリアナ諸島防衛のために、陸軍は中国戦線と国内から四万名以上の大部隊の増援を決定し、海軍は中部太平洋に空母九

アメリカ軍艦載機による空襲で炎上するトラック島。日本軍の多数の艦船と多くの港湾施設が大きな被害を受けた（1944年2月17日）。

隻を含む機動部隊を出動させアメリカ海軍との艦隊決戦に備えた。

アメリカ軍は、一九四三年末にマキン島、タラワ島に侵攻、そして一九四四年二月十七日と翌十八日の二日間、中部太平洋における日本軍の拠点トラック島を空襲した。攻撃をしたのは、マーク・A・ミッチャー中将の第五八任務部隊の空母九隻から発進した数百機の艦載機だった。トラック島の港には陸軍部隊の兵器や弾薬、糧秣を陸揚げした輸送船と駆逐艦・潜水艦などが多数停泊していて、これらのうち四三隻が沈没した。また日本軍機も空中と陸上で二七〇機が失われ、港の工廠や軍需倉庫、燃料タンク、航空廠など軍の施設が壊滅的な損害を被った。このトラック空襲により、日本軍は中部太平洋における拠点を喪失した。また輸送船のほかに、艦隊と船団の哨戒と護衛を担当する多くの駆逐艦が使いものにならなくなり、以後の作戦に大きな制約となった。

　アメリカ軍は空襲でトラック島の軍事施設に大打撃をあたえたが、島への上陸作戦はおこなわず、そのまま素通りしてマーシャル諸島へ侵攻し、エニウェトク環礁を攻略した。絶対国防圏に危機が迫っていた。次のアメリカ軍の目標は、西カロリン諸島のパラオかマリアナ諸島と予想された。

　当時、マリアナ諸島のサイパン島には三万三千人以上の民間人が生活していた。島の住人は沖縄出身が約八割となる日本人・朝鮮人・台湾人、それと先住民チャモロ人などだった。サイパン島へのアメリカ軍の来襲が予想され、島では軍人はもとより民間人も島の防衛態勢強化のため総動員された。学校に通う児童は、チャモロ人やカナカ人も含め、飛行場整備や防空壕掘りなどの作業を命じられ、成年男子は警防団員を除き銃剣術や実弾射撃演習への参加が強制された。南洋興発株式会社に対しても、サイパン島とテニアン島の製糖工場を閉鎖させ、食糧確保のため芋や野菜を栽培させた。

　島の防備を急がせる一方、民間人の本国への内地送還も検討された。防衛力の増強と食糧問題の観点から、児童と女性、六〇歳以上の老人を帰国の対象としたが、一六歳以上六〇歳未満の男子は、戦力として帰国を許さなかった。マリアナ諸島の島々から帰国者が、日本へ向かう船が出港するサイパン島へ集まってきた。人びとは、物資を陸揚げした輸送船に乗り込んだ。一九四四年三月六日、民間人約五〇〇人を乗せた「アメリカ丸」は、硫黄島沖でアメリカ軍潜水艦の魚雷を受けて沈み、全員が行方不明となった。このことが島に伝わると、帰国を希望する人びとも躊躇するようになった。それでも帰国のため数百人が乗船した数隻の貨物船が、サイパン島を出港、無事に日本に到着した。しかし一九四四年六月に「千代丸」が硫黄島沖、「白山丸」が小笠原沖で、それぞれ雷撃を受け沈没、乗船していた大部分の民間人が行方不明となる悲劇が繰り返された。

サイパン島守備隊

サイパン島には、太平洋戦争前から海軍第五特別根拠地隊が置かれていたが、それだけでは島の防衛に手薄なので、大本営は大規模な兵力増強を決定した。一九四四年二月のトラック空襲の数日後、陸軍はサイパン島を拠点とする第三一軍を編制し、その司令官に小畑秀良中将、参謀長には井桁敬治少将を任命した。マリアナ諸島を含む太平洋の防衛担当は海軍だったため、陸軍の第三一軍は中部太平洋方面艦隊司令部の指揮下となった。

組織はこのように編制されたが、海軍が陸軍部隊を統率するには無理があった。かねてから陸軍と海軍の対抗意識は根強かったし、両軍の共同作戦を効率的におこなうための連携体制も充分ではなかった。後にサイパン島の戦いで明らかになるが、高級将校があまりにも多く、また陸軍部隊は陸軍指揮官の命令、海軍部隊は海軍指揮官の命令でしか動かなかった。

中部太平洋の島々や海域に点在する海軍部隊、陸軍部隊を統括するために中部太平洋方面艦隊が編制された。艦隊という名がつくが、所属する第四艦隊はトラック空襲で壊滅、陸上基地から運用される第一四航空艦隊も一九四四年五月に全機が第一航空艦隊に移動していた。実質的に中部太平洋方面艦隊は、司令部と若干の海軍部隊だけの戦力である。この中部太平洋方面艦隊の司令官に任命されたのは、南雲忠一中将だった。

南雲忠一中将は、山形県米沢出身。江田島の海軍兵学校を出て、巡洋艦の艦長や駆逐艦戦隊司令官、戦艦の艦長、水雷戦隊司令官を務め、一九三九年に中将に昇進した。南雲中将は独創性や想像力は乏しかったが、実直で部下の厚い信任をえた海軍将官で、水雷戦を専門としていた。海軍航空の経験が皆無だったにもかかわらず、年功序列、先任序列の海軍の慣習にしたがい第一航空艦隊司令官に就任した。

一九四一年十二月、開戦劈頭、第一航空艦隊司令官として真珠湾攻撃を成功させた南雲忠一中将は、海軍の英雄として凱旋する。その後、インド洋海戦で損失をだしながらもイギリス海軍に打撃を与えた。しかし一九四二年六月のミッドウェー海戦で、主力の制式空母四隻を喪失する大敗を喫する。敗戦の将となった南雲忠一中将の処遇は、山本五十六連合艦隊司令長官の一時預かりとなった。しかし山本司令長官は、空母「翔鶴」、「瑞鳳」などで編制する第三艦隊の指揮官に南雲中将を任命した。南雲中将はこの第三艦隊を指揮し、一九四二年十月の南太平洋海戦でアメ

中部太平洋方面艦隊の司令官としてサイパン島に着任した南雲忠一中将（前列中央）と艦隊司令部参謀たち。（1944年）

リカ空母「ホーネット」を撃沈するが、第三艦隊も多くの熟練搭乗員が戦死し、海軍の航空兵力は著しく弱体化した。この海戦後、南雲中将は前線から退き、呉鎮守府司令長官、そして第一艦隊司令長官となるが、同艦隊はまもなく編制替えで消滅した。一九四四年三月、南雲中将は中部太平洋方面艦隊司令官を命じられサイパン島に着任した。

かつて日本海軍の主力の大艦隊を率いた南雲忠一中将は、サイパン島守備隊の形だけは最高司令官として、海軍の陸戦隊と陸軍の歩兵師団を指揮するという不慣れな役割をあたえられた。

この頃、大本営はサイパン島の兵力増強をすすめていたが、次のアメリカ軍の上陸作戦がマリアナ諸島を含むどの島になるのか状況を読み切れずにいた。その迷いは、サイパン島の守備隊が防衛態勢をつくり上げる前に、同島へアメリカ軍が来襲するという結果をまねいた。大戦の何年も前から陸軍は、中国大陸で泥沼の戦闘を続けていたが、太平洋戦線で海軍が窮地に追い込まれると、中国大陸と日本本土の防衛を担当する兵力が太平洋の島々に投入された。大本営（参謀本部）は、中国の第三・第一三・第三六師団、本土の第四三・第四六・第五二師団に対しマリアナ諸島への移動を命じた。

サイパン島から日本へ引き揚げる民間人を乗せた輸送船は、アメリカ軍の潜水艦の魚雷で沈められ大勢の子ども・女性・老人たちが死んだが、中国大陸や日本から増援部隊を輸送中の船舶も同じように潜水艦の攻撃を受けた。一九四四年の三月、朝鮮半島の釜山を出港した歩兵第一八連隊などを乗せた輸送船団は、太平洋上でアメリカ軍潜水艦からの魚雷を受けた。このとき、歩兵第一八連隊約三九〇〇名のうち約二二〇〇名が太平洋の海に消えた。日本海軍はもともと輸送船の護衛のための艦艇が少なく、それらは戦争中、さらに数を減らしていた。少ない駆逐艦では、アメリカ軍の潜水艦からすべての輸送船を守ることは難しかった。

本書の〝主人公〟である大場栄大尉も一九四四年三月、乗っていた輸送船が沈没して海に投げだされた。彼の所属する歩兵第一八連隊は、「崎戸丸《さきとまる》」で朝鮮半島からマリアナ諸島に向かっていたが、台湾近海で雷撃を受けた。大場大尉は、仲間とともに一八時間の漂流後、翌日になって駆逐艦に辛くも救助された。歩兵第一八連隊の行き先はグアム島だったが、サイパン島へ運ばれ、医療所となっていたガラパンの小学校で治療を受けた。

このようにサイパン戦の前に日本軍守備隊は、多くの兵士を失っていた。また中国大陸や本土からなんとか島に到着できた部隊も、航海途中に武器装備、物資を輸送船とともに海に沈められたために、サイパン島上陸後に部隊の編制替え、指揮官の交代などが必要だった。そのため急ごしらえの混成部隊となり、また訓練をおこなう時間的余裕もなかった。

大本営は、いくつもの師団のサイパン島への派遣を決定していたが、アメリカ軍上陸前に島に到着、守備隊に加われたのは、斎藤義次中将の指揮する第四三師団、岡芳郎大佐の独立混成第四七旅団と他の小規模な部隊だけだった。島の守備隊の主力となった第四三師団は、本土防衛強化のため日本国内で編制された四つの師団のひとつである。同師団は、所属連隊として歩兵第一一八連隊、歩兵第一三五連隊、歩兵第一三六連隊をもつ。国内の拠点は名古屋だった。

サイパン島日本軍守備隊の総兵力は、陸軍が二万八五一八名、海軍が三一一一名の合計三万一六二九名である。大型火力ならびに戦闘車輌は次のとおり。大砲（口径一〇センチ以上）が陸軍二六門、海軍二五門。山砲が陸軍五三門、海軍四門の合計五七門。速射砲は陸軍が二四門。迫撃砲は陸軍八四門。高射砲は陸軍二四門、海軍二〇門の合計四四門。戦車は陸軍三九輌、海軍一〇輌の合計四九輌だった。

サイパン島の防御は、島を北部・中部・南部と三地域に区分し、それぞれの地域を担当する北部地区警備隊、中部地区警備隊、南部地区警備隊を配置した。地形からアメリカ軍が上陸してくる可能性が高い西海岸南部を担当する南部地区警備隊には兵力が重点配備され、海岸が切り立つ崖となっている北部や東海岸の警備は手薄だった。

第三一軍司令部は、北部地区警備隊を直轄し、ここには独立臼砲《きゅうほう》第一四大隊、独立戦車第三中隊、独立戦車第四中隊、歩兵第一八連隊を配した。これらの部隊はいずれもサイパン島到着前にアメリカ軍潜水艦に輸送船を沈められ、臼砲や戦車を失い、臼砲部隊や戦車部隊とは名ばかりだった。歩兵第一八連隊は、歩兵全員が小銃をもっていた。北部地区警備隊の歩兵第一八連隊は衛生隊だけで、その隊長は、最後まで島で持久戦を続けた大場栄大尉が務めていた。

中部地区警備隊を構成する独立臼砲第一七大隊、独立歩兵第三一六・三一八大隊、歩兵第一一八連隊が配備についた場所は、島の中央を貫く山岳地帯で、急峻な山地、複雑な渓谷からなる。

そして最大の兵力が配備された南部地区警備隊には、船舶工兵第一六連隊、独立工兵第七連隊、戦車第九連隊、工兵第二五連隊、高射砲第二五連隊、独立山砲第三連隊、独立歩兵第三一五大隊、独立歩兵第三一七大隊、歩兵第一三六連隊が布陣した。これらは、上陸して来るアメリカ軍を海岸で徹底的にたたく「水際作戦」に備えていた。

サイパン島の防備作業には、兵士はもとより島の児童を含む民間人を動員して、陣地・塹壕が掘られた。サンゴ礁が隆起してできた島は硬い石灰岩が多く、人力だけの作業では効率がわるかった。また塹壕や陣地の構築に必要なセメントが不足していた。島には過去につくられた山腹の

サイパン島　日本軍守備隊の配置（1944年6月）

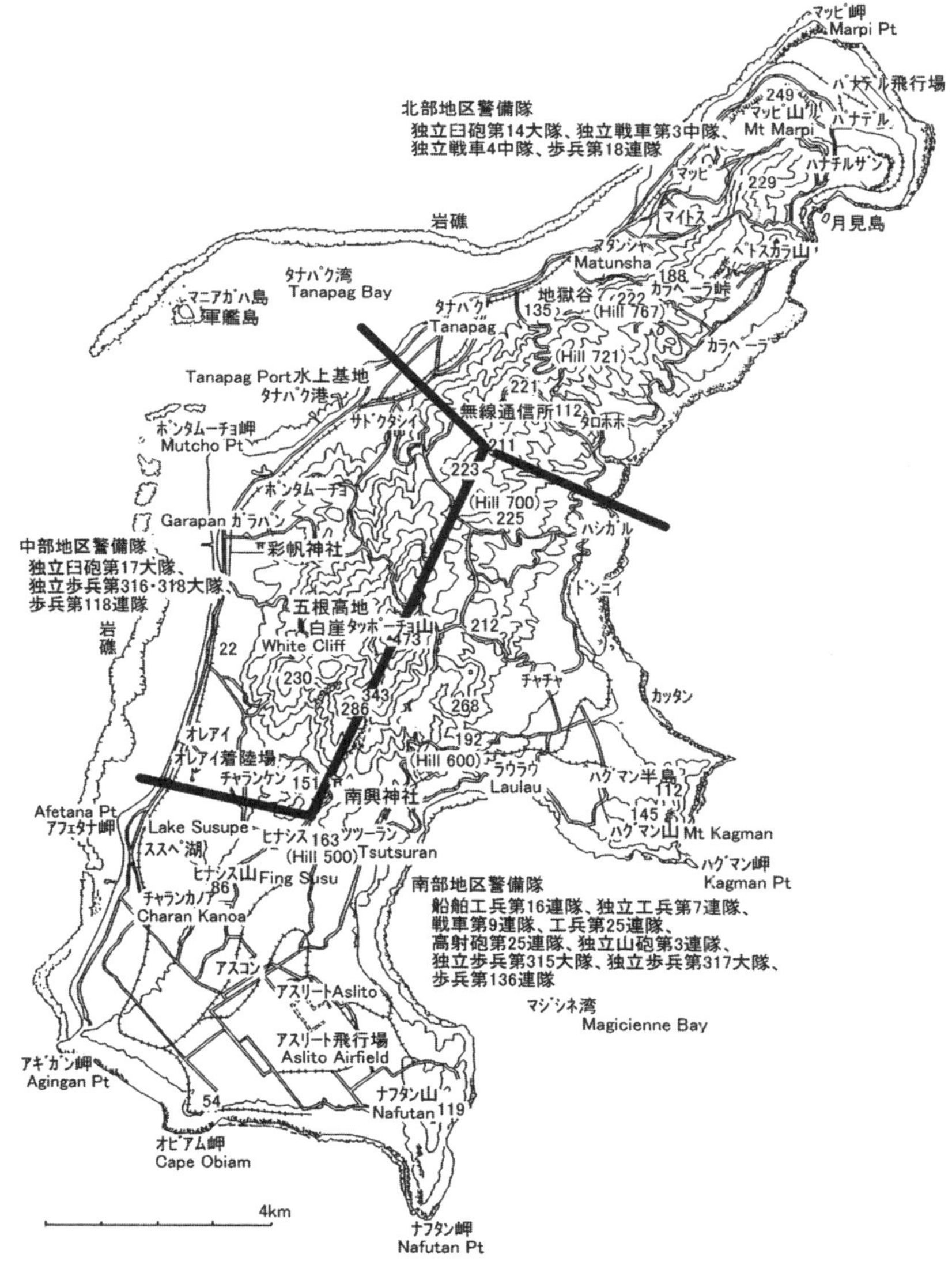

火薬庫、糧秣庫等がすでにあり、そこには一個師団約二五〇〇人分の五年分の弾薬・食糧・兵器等を蓄えていた。しかし増強された三万人以上の将兵には足りず、さらにこの島には地下水が少なく、常に水不足だった。日本や中国大陸、朝鮮半島から乗って来た輸送船がアメリカ軍の潜水艦に沈められ、大砲や弾薬のすべてを失った兵士たちも大勢いた。守備隊の主力、斎藤義次中将の指揮する第四三師団の到着は、アメリカ軍上陸の二〇日前で、充分な防御態勢をつくりあげる時間はなかった。

日本軍の太平洋の拠点、トラック島を一九四四年二月に大規模な空襲で壊滅させ、マーシャル諸島に侵攻してきたアメリカ軍の次の攻撃目標はどこか。大本営は、西カロリン諸島のパラオかマリアナ諸島の可能性が高いとみたが、一九四四年五月末、海軍の高速偵察機「彩雲」が中部太平洋マジュロ環礁にアメリカ艦船の集結を発見した。このころ、ソロモン諸島の防衛線は崩壊、アメリカ軍はニューギニア西部のビアク島に侵攻したことから、大本営はアメリカ軍の次の目標はミクロネシアのパラオと判断し、日本海軍はビアク島の守備隊を支援する「渾《こん》作戦」を発動した。

しかし東京の戦争指導者たちの驚いたことに、一九四四年六月十一日に突如としてアメリカ空母機動部隊がマリアナ諸島へ来襲した。それは想定外の作戦海域だった。「渾作戦」はただちに中止され、連合艦隊は、マリアナ諸島の近海でアメリカ艦隊を迎撃する「あ号作戦」の準備にとりかかった。

そのとき、サイパン島では、第三一軍司令官の小畑秀良中将ら軍参謀が、「渾作戦」に関連しパラオへ作戦指導のため出張していた。小畑中将はアメリカ空母機動部隊のマリアナ諸島攻撃を知り驚いたが、すでにアメリカ軍の制空権下となったサイパン島へは帰還できず、サイパン島では第三一軍参謀長の井桁敬治少将が、小畑中将に代わり守備隊の責任者となった。

第二章　サイパン島攻略作戦

略奪作戦

中部太平洋を島嶼づたいに日本をめざし北上してきたアメリカ軍は、次にマリアナ諸島の攻略に駒をすすめた。マリアナ諸島は、ハワイの真珠湾から五一〇〇キロメートルも離れているが、東京までは約二二〇〇キロメートル、ここを拠点に新型の長距離戦略爆撃機Ｂ－29を運用すれば日本本土への空襲が可能だ。日本に対する直接攻撃は、日本を敗北へと追い込むだろう。多くの島からなるマリアナ諸島で、戦略上、重要なのはサイパン島・グアム島・テニアン島の三つの島だ。アメリカで戦争を指導する統合参謀本部（ＪＣＳ：Joint Chiefs of Staff）は、そのなかで日本軍の拠点サイパン島の確保を最優先とすることで一致していた。一九四四年三月十二日、統合参謀本部はマリアナ侵攻作戦を正式に決定する。

アメリカ軍襲来に備え、日本軍はマリアナ諸島での兵力増強と防備に懸命だったが、すでに周辺海域はアメリカ海軍の第一七潜水艦任務部隊（Submarine of Task Force 17）が支配していた。アメリカは両大戦において、ドイツ潜水艦がおこなった商船や客船に対する無差別攻撃を糾弾したが、自らも同じことをするのに躊躇しなかった。マリアナ諸島近海のすべての日本の船舶は、島の兵力増強に関係しているというのが、その理由だった。攻撃対象はマリアナ諸島へ向かう日本船舶のみならず、島から出航した船舶も含まれた。

事実上、海上封鎖をしているマリアナ諸島では、日本軍が島の防御力を高めるには限界があると統合参謀本部（JCS）は考えていた。また海兵隊と陸軍の上陸前に、徹底した艦砲射撃と艦載機の空爆で、可能な限り日本軍の兵力、火力を削いでおくことが作戦計画で強調されていた。

マリアナ侵攻作戦は、レイモンド・A・スプールアンス大将の指揮の第五艦隊（Fifth Fleet）が制海権と制空権を確保し、そのもとで陸軍と海兵隊からなる統合遠征軍（Expeditionary Troops）が島嶼への上陸作戦を敢行する。このとき第五艦隊は、所属艦艇八〇〇隻以上で太平洋上で最大の艦隊だった。この中核戦力はマーク・A・ミッチャー中将が率いる高速空母艦隊である第五八任務部隊（Task Force 58）で、日本海軍の連合艦隊を警戒する。島嶼への上陸作戦を敢行する統合遠征軍は、サイパン島、テニアン島を担当する北方攻撃部隊（Northern Troops and Landing Force）とグアム島を担当する南方攻撃部隊（Southern Troops and Landing Force）に分かれ、統合遠征軍の総司令官にはリッチモンド・K・ターナー中将が任命されていた。

マリアナ諸島への上陸作戦をおこなう統合遠征軍（Expeditionary Troops）の総司令官リッチモンド・K・ターナー中将。

太平洋上で最大の艦隊である第五艦隊（Fifth Fleet）の司令官、レイモンド・A・スプールアンス大将。

実際にサイパン島の上陸作戦を敢行するのは、北方攻撃部隊に属する第五両用戦軍団（V Amphibious Corps）である。第五両用戦軍団はホーランド・M・スミス中将が司令官となり、彼の指揮下に海兵隊の第二海兵師団、第四海兵師団、そして陸軍の第二七歩兵師団が上陸と上陸後の作戦をおこなう。サイパン島攻略のために編制された第五両用戦軍団の各師団、連隊と指揮官は、次のようになっていた。

《アメリカ軍陸上部隊の編制》

第五両用軍団（V Amphibious Corps）ホーランド・M・スミス中将

〔海兵隊〕

第二海兵師団（2d Marine Division）トーマス・E・ワトソン少将

第二海兵連隊（2d Marines）ウォルター・J・スチュワート大佐
第六海兵連隊（6th Marines）ジェイムス・P・リスリィ大佐
第八海兵連隊（8th Marines）クリアレンス・R・ワランス大佐
第一〇海兵連隊（10th Marines）ラファエル・グリフィン大佐
第一八海兵連隊（18th Marines）ラッセル・ロイド中佐
第四海兵師団（4th Marine Division）ハリー・スキミット少将
第一四海兵連隊（14th Marines）ルイス・G・デハヴン大佐
第二〇海兵連隊（20th Marines）ネルソン・K・ブラウン中佐
第二三海兵連隊（23d Marines）ルイス・R・ジョーンズ大佐
第二四海兵連隊（24th Marines）フランク・A・ハート大佐
第二五海兵連隊（25th Marines）メルトン・J・バチェルダー大佐

〔陸軍〕

第二七歩兵師団（27th Infantry Division）ラルフ・E・スミス少将
第一〇五歩兵連隊（105th Infantry）レオナルド・A・ビショップ大佐
第一〇六歩兵連隊（106th Infantry）ラッセル・G・アイレス大佐
第一六五歩兵連隊（165th Infantry）ジェラルド・W・ケリー大佐
師団山砲連隊（Division Artillery）レドモンド・F・ケルマン准将

軍団山砲連隊（XXIV Corps Artillery）アーサー・M・ハーパー准将
サイパン駐留軍（Saipan Garrison Forces）ジョージ・W・グリナー少将
※サイパン駐留軍は、サイパン島攻略後に編制された。

サイパン島攻略に投入される兵士は、第五両用軍団の直属二二九六名、第二海兵師団二万一七四六名、第四海兵師団二万一六一八名、そして第二七歩兵師団の二万一一一九名、合計六万六七七九名である。このアメリカ軍の兵力は、サイパン島日本軍守備隊の三万一六二九名（陸軍二万八五一八名、海軍三一一一名）の約二倍だった。さらにアメリカ軍の上陸部隊は、護衛空母部隊の航空支援、戦艦部隊の艦砲射撃など海と空から強力に支援される。アメリカ軍と日本軍の戦力格差は、克服しようのない大きな隔たりがあった。サイパン島日本軍守備隊には、サイパン島の南にあるテニアン島からの砲撃と硫黄島などからの航空支援があったが、それは小規模で戦局にはほとんど影響がなかった。

サイパン島は、これまでの太平洋の島嶼作戦と違い、アメリカ軍にとって厄介な問題があった。この島は環礁の連なる平坦な小さな島ではなく、南北一九・二キロメートルで比較的大きく、地形は平野から湿原地帯、丘陵、山岳地帯と多様で、島の北部と東部には断崖が海に臨んでいる。密林と洞窟も多く、渓谷が複雑に入り込んでいて、日本軍が隠れる場所はふんだんにある。こうした島の攻略には、戦艦の大口径砲火力と空母艦載機の航空支援が不可欠で、上陸後の陸上戦では海兵隊と陸軍の連携も必要だ。これまで太平洋で日本軍と戦った島嶼作戦の経験を踏まえ、サイパン島での攻撃作戦は入念に立案された。サイパン島攻略作戦は海軍、海兵隊、陸軍の投入兵力の規模は過去最大であり、「略奪作戦」（Operation FORAGER）という暗号名をあたえられた。

「略奪作戦」では、サイパン島の北部への陽動作戦後に南部の西海岸に上陸する。艦砲射撃の支援のもと、第二海兵師団が左翼（北側）、第四海兵師団が右翼（南側）で前線を形成、一斉に海岸に押し寄せ上陸地点のできるだけ内陸部に拠点を確保する。陸軍の第二七歩兵師団は、海兵隊が海岸の拠点を制圧した後に上陸する。海兵隊は太平洋の島嶼作戦で充分な経験があったが、第二七歩兵師団はマキンとエニウェトクでの小規模な上陸作戦の実績しかない。敵前上陸では当然、日本軍の激しい砲撃、銃撃にさらされるから、上陸は可能な限り短時間で達成しなくてはならない。おそらく分刻みで、何人ものアメリカ兵が戦死するだろう。命がけの作戦をおこなう海兵隊を海上の輸送船から海岸まで運ぶのは、実戦投入されて間もないＬＶＴ（Landing Vehicle Tracked 水陸両用装軌車）である。

ＬＶＴは、小型船舶とキャタピラーで走行する陸上車輌を合体させたもので、上陸作戦用に開発された。「アリゲーター」という湿原地帯で走行可能な水陸両用車に、海兵隊は興味をもち、軍事用として設計を要望、フード・マシーナリー・コーポレーションが設計した。同社は、初期型ＬＶＴの運用実績から防御力の強化とサスペンションなどを改善し実用性を高めた。また機銃や榴弾砲を搭載したＬＶＴの開発もなされ、軽戦車の七五ミリ砲をもつＬＶＴ（Ａ）-１、榴弾

マリアナ諸島のテニアン島に上陸する75ミリ砲をもつLVT（A）－1「アムタンク」（1944年7月）。

砲をもつＬＶＴ（Ａ）－４が生産された。それら強力な火器を装備するＬＶＴは「アムタンク」または「ウォーターバッファロー」と呼ばれた。

ＬＶＴの最初の実戦投入は、ガダルカナル島の戦いだったが、ギルバート諸島のタラワ環礁の上陸作戦でその有効性を証明した。従来の上陸用舟艇（ＬＣＶＰ）では、航行するのに一・二メートル以上の水深が必要で、海岸まで兵士たちを運ぶことはできなかった。兵士たちは敵前の浅瀬で上陸用舟艇から降り、水位が胸や肩まである海中を小銃や無線機などを頭の上にかかげて歩かなくてはならなかった。荒波にのまれて行方不明や溺死、また装備品を失って海岸にたどり着く兵士も少なくなかった。海中を歩行する兵士たちは、無防備で日本軍にとって格好の射撃の標的となった。

タラワ環礁では、一二五輌のＬＶＴのうち八〇輌以上が、日本軍の砲撃と銃撃で破壊、あるいは損傷を受けたが、上陸用舟艇（ＬＣＶＰ）での上陸より、兵士たちの犠牲ははるかに少なかった。この実戦での運用経験から、ＬＶＴは防御力や搭載銃器に関しさらに改善がなされた。ＬＶＴは、速度は水上で時速一一キロメートル、地上ではキャタピラーで走行し時速二五キロメートル。ブローニング機関銃二挺を搭載し、武装した兵士二四名を運ぶことができた。

海兵隊と陸軍

アメリカ海兵隊（Marine Corps）は、アメリカ独立戦争中の一七七五年に創設された大陸海兵隊（Continental Marines）に起源をもつ。大陸海兵隊は、艦船への突撃隊として白兵戦をおこなった。独立戦争が終わると解散したが、その後に復活した。第二次大戦ではヨーロッパ戦線、太平洋戦線において、敵前強行上陸と上陸後の地上戦をおこなう部隊として整備、拡大された。また作戦での航空支援の必要性から、海兵隊航空団がつくられた。海兵隊は、従来の陸軍では対処できない戦局において、その存在価値を示そうとした。装備も上陸作戦に欠かせない水陸両用のＬＶＴなどを採用した。太平洋での日本軍との戦闘では、海兵隊はガダルカナル島・タラワ環礁・サイパン島・テニアン島・グアム島・硫黄島、そして沖縄での作戦に投入された。

海兵隊は第二次世界大戦初期、伝統あるアメリカ陸軍からはみくびられていた。太平洋方面陸軍司令官リチャードソン中将は、海兵隊を次のように罵倒したこともあった。

「海兵隊は、波打ち際を走るただの集団にすぎない。陸上での本物の戦闘を、海兵隊が知っているとは思えない。海兵隊の指揮官は陸軍将官のように大部隊を指揮する訓練を受けていないし、その能力もない」

同じく陸軍のダグラス・マッカーサー大将は、海兵隊の一般的な評価としてこう述べている。

「海兵隊は、熱帯雨林で原住民と戦う程度の特殊な武力集団」

こうした海兵隊に対する陸軍の酷評には、部隊の機動力と個々の兵士の戦闘能力を鍛え、いくつもの革新的な戦術を導入し、成果を確実にあげてきた海兵隊への強い対抗意識や妬みの要素も少なからずあった。第二次世界大戦では、海兵隊の力を実戦で証明しようとする多くの海兵隊兵士がいたが、ホーランド・M・スミスもそのひとりだった。彼はアラバマ工大卒業後、アラバマ法律学校で弁護士の資格を取得したが軍人に転向した。フィリピン、ニカラグア、サントドミンゴなどでの任務を経験し、第一次大戦中にはフランスの海兵旅団にいた。一九三〇年代初めホーランド・M・スミスがまとめた上陸作戦に関する研究は、軍の上層部で高く評価された。日米開戦となると、中将になっていた彼はその専門性をかわれ、海兵隊二個師団、陸軍一個師団を指揮下にもつ第五両用軍団（V Amphibious Corps）の司令官として、サイパン島攻略作戦である「略奪作戦」（Operation FORAGER）の司令官に抜擢された。

サイパン島攻略作戦に投入された陸軍の第二七歩兵師団（Army 27th Infantry Division）は、もとはニューヨーク州兵軍（State of New York National Guard）だった。この州兵軍は、独立戦争や南北戦争に起源をもつ伝統ある複数の連隊から構成されていた。一九三〇年代後半、ヨーロッパでナチス・ドイツが台頭し、大西洋の向こう側での緊張が高まると、合衆国連邦議会は選抜徴兵法（Selective Service Act）を成立させた。この法律は、大統領に州兵軍（National Guard）を連邦の管轄下におく権限をあたえた。州兵軍は本来、広大なアメリカ本土を防衛する役割を州ごとに担う軍隊である。しかしアメリカの本土の防衛に緊急性がないのであれば、州兵軍に国外の任務を負わせてもいいのではないか、という議論が従来よりあった。

第五両用軍団（V Amphibious Corps ）の司令官として、サイパン島攻略作戦の指揮をとるホーランド・M・スミス中将。

一九四〇年九月、連邦政府は国家の緊急事態を宣言し、ニューヨーク州兵軍はフランクリン・ルーズベルト大統領の命令により第二七歩兵師団として再編された。第二七歩兵師団は、最初にアラバマ州のマクレラン基地に集中訓練のために送られ、それから一九四一年十一月、カリフォルニアへ移動、一九四二年二月にハワイへ派遣された。こうした第二七歩兵師団の運用は、アメリカ陸軍において、州兵軍が陸軍部隊となって、長期間アメリカ本土を離れて任務をおこなう最初のケースとなった。現在のイラクやアフガニスタンへの州兵軍の派遣は、この延長線上にある。

一九四二年の秋、陸軍第二七歩兵師団は、ラルフ・E・スミス少将の指揮下でオアフ島に集結、そして一九四三年の夏、同師団に属する第一六五歩兵連隊にはギルバート諸島のマキン環礁攻略の任務があたえられた。山砲大隊によって強化されていた第一六五歩兵連隊は、四日間でマキン環礁の制圧に成功した。次に同師団の第一〇六歩兵連隊がマーシャル諸島の作戦に参加した。それに続いてサイパン島上陸作戦への参加が命じられた。

作戦開始

サイパン島攻略作戦の前に、ハワイ諸島のマウイ島で一九四四年三月から四月までの期間、この作戦に参加する各師団、連隊、大隊、中隊それぞれに上陸作戦の大規模な訓練が実施された。多数のＬＶＴ（水陸両用装軌車）を輸送船から海上に降ろし、舷側に垂らされた縄梯子をつたわり兵士たちが輸送船に横付けされたＬＶＴに乗り移る。それからＬＶＴで海岸まで航行、砂浜に乗り上げて上陸、銃撃戦と拠点の確保をおこなう。それらのいずれもが迅速になされなくてはならない。もっとも危険なのは海岸への接近と上陸である。このとき海岸に構築された日本軍の掩体陣地からの砲撃と機銃掃射を受けるため犠牲は避けられない。それを最小限とするのが、訓練の重要な目的のひとつだった。

また戦車を上陸させるためのLST（Landing Ship Tank　戦車揚陸艦）を、浅瀬で座礁することなく岩礁の多い海域を航行、砂浜に着岸させる訓練も繰り返された。LSTの浅瀬での航行と着岸には高い技術が必要だった。着岸したLSTからは、前部扉が開いて戦車が自走し島に上陸する。

数回の島嶼作戦を戦ってきた海兵隊と異なり、第二七歩兵師団の多くの部隊は実戦経験が乏しかった。ある新兵の部隊は、まったくの基礎訓練から始めなくてはならなかった。行軍・野戦演習・実弾射撃・火炎放射器の使用、爆発物の設置と起爆・障害物の克服・市街戦・格闘技などが訓練計画に盛り込まれた。新編制の軍団山砲連隊は、武器搬送訓練がなんとか実用水準に達し、ようやく射撃訓練がなされた。

一九四四年五月二十一日、ハワイでの総合訓練は、悪天候で波浪が高く、LSTの衝突事故、爆発事故で大惨事となった。このとき海兵隊兵士約一〇〇名が死亡した。実戦を想定した厳しい訓練とはいえ、これほどの人的被害となるとは、大勢の兵士を部下にもつ指揮官たちはサイパン島攻略作戦でどれほどの戦死者がでるか不安にかられた。

一九四四年五月二十五日、合計約六万六〇〇〇名の海兵隊と陸軍の兵力からなる第五両用軍団を乗せた大船団は、オアフ島の真珠湾を出航した。湾外で護衛の艦隊と合流し、各艦船が配置につくと航行を開始した。めざす海域は、マーシャル諸島を経由しサイパン島の沖合である。そして六月八日、LVT・大砲・車輌・弾薬・食糧などを満載した多くの輸送船、戦車を搭載するLSTからなる船団が、マリアナ諸島周辺海域に到着した。サイパン島攻略作戦を含むマリアナ諸島作戦に参加するすべての艦船は七七五隻、戦闘と兵站を含む約一〇万名の海兵隊と陸軍、そして艦船の乗員二五万名。これは過去、太平洋でおこなわれた島嶼作戦で最大規模となった。

洋上の艦船内では、日本軍に関する最新情報の分析がおこなわれた。またアメリカ軍の航空機と潜水艦から撮影された写真から詳細な地図が作成された。そしてすべての士官・兵士に対し、作戦内容と緊急時の対応・島の地理・地形の理解のためのレクチャーが繰り返しおこなわれた。サイパン島への上陸決行の日は、一九四四年六月十五日と決定された。島嶼作戦での上陸決行の日を、海兵隊では「Dデイ」(D day)と呼んでいた。

「Dデイ」が迫るなか、輸送船の船内で緊張した面持ちのアメリカ兵たちは、次のように上官から念をおされた。

「いいか。Dマイナス4(上陸四日前)に始めたサイパン島に対する艦載機の爆撃・艦砲射撃の効果は限られている。ジャップにとって好都合なことに、島には山岳地帯と多くの洞窟がある。上陸前に野砲や山砲の掩護はない。今度の作戦は、小さな環礁の島の攻略作戦とはわけが違う。サイパン島は強固に防御されている。大勢の日本兵とその火力が待ちかまえている。タッポーチョ山からは島全体が見渡せる。当然、ジャップはそこからわれわれの上陸する海岸を見てい

マリアナ諸島へ向かう、ＬＶＴ（水陸両用装軌車）を満載した輸送船団（1944年6月）。

る。ほんの少しの怠慢、判断の誤りが命取りになる」

サイパン島　アメリカ軍上陸作戦

1944年6月15日

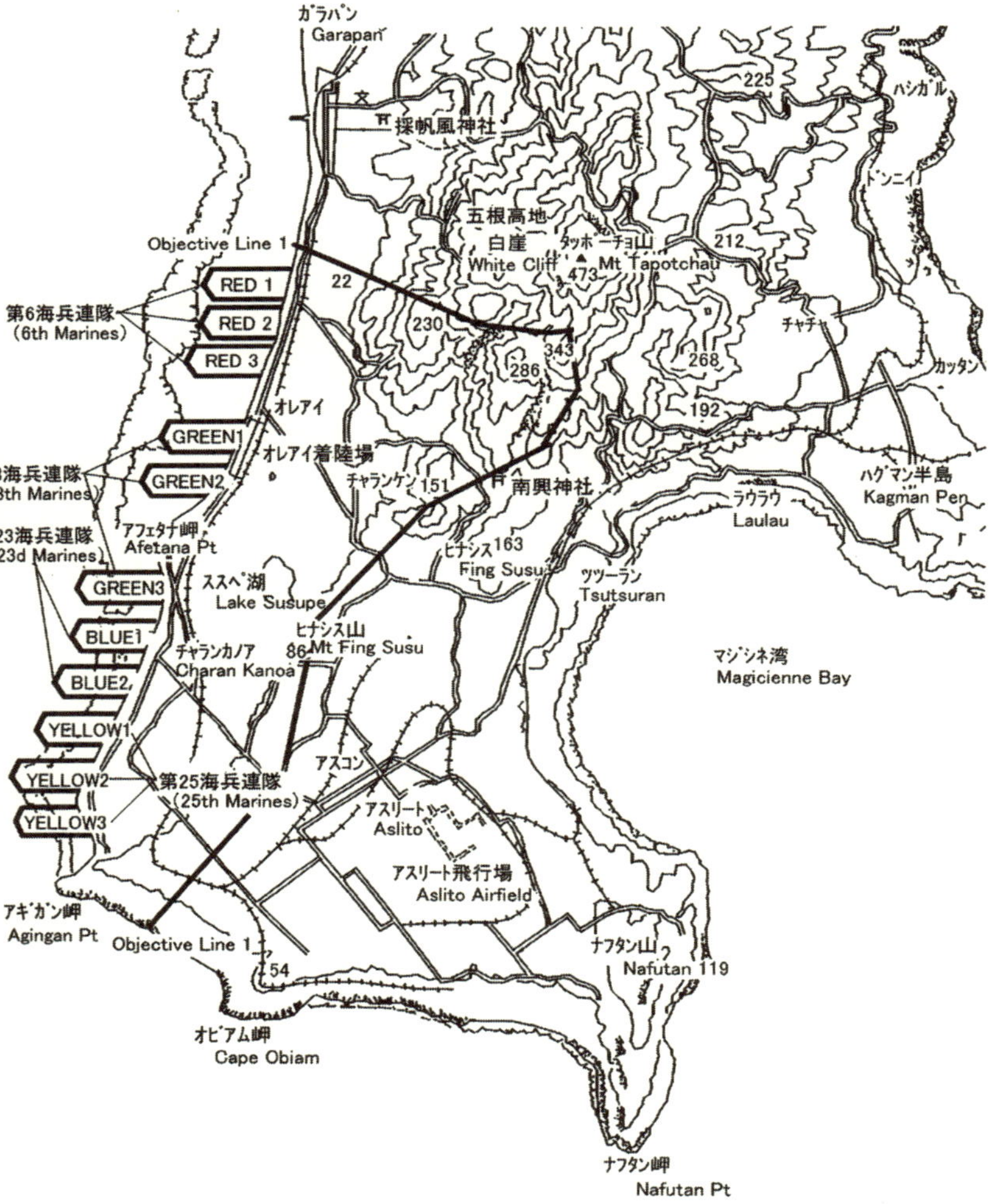

第三章　アメリカ軍襲来

空爆と艦砲射撃

サイパン島に対するアメリカ軍の最初の空襲は、一九四四年二月二十四日だった。しかしマリアナ諸島の攻略の事前攻撃としての本格的な空襲は、四六九機を投入して一九四四年六月十一日から大規模に激しくおこなわれた。マリアナ諸島には、日本海軍の第一航空艦隊がサイパン島・テニアン島・グアム島に展開して制空権を維持しているはずだった。第一航空艦隊とは、開戦劈頭に真珠湾攻撃をおこなった機動部隊として知られるが、この時期、日本海軍の機動部隊は第三艦隊として再編され、これが日本の唯一の海上航空兵力だった。そして第一航空艦隊は空母をもたない基地航空部隊としてマリアナ諸島の基地に配備されていたが、その消耗と戦力低下は著しかった。

サイパン島へのアメリカ軍の大規模な空襲は、一九四四年六月十一日と翌十二日の二日間に集中的になされた。このとき、結局中止された「渾作戦」支援のために第一航空艦隊の多くの航空機はニューギニアへ派遣されており、マリアナ諸島の航空基地の航空兵力は弱体化していた。サイパン島を襲ったアメリカ軍機の攻撃目標は、第一に日本軍の航空基地、第二に砲台や陣地、そして港湾施設だった。圧倒的戦力格差と攻撃が奇襲となったことで、サイパン島の第一航空艦隊は一五〇機を損失して実質的に壊滅した。その後、残存機はフィリピンに撤退した。

空襲の初日、島最南端のナフタン岬に布陣する高射砲第二五連隊の第一中隊は、アメリカ軍機三機を対空射撃で撃墜した。これが唯一ともいえる日本軍の反撃の戦果だった。

そして空襲翌日の六月十三日、サイパン島に対し沖合からアメリカ軍のすさまじい艦砲射撃が始まった。砲撃をおこなったのは、戦艦八隻・巡洋艦一一隻を含む艦隊だった。戦艦のなかには、真珠湾攻撃で大破着底、その後に引き上げて修復され戦線復帰した艦もあった。この日から艦砲射撃は、中断をはさみながら日本軍守備隊の最後の「玉砕攻撃」まで続けられることになる。その間、サイパン島へ艦艇が発射した砲弾は、実に一八万発という膨大な量にのぼった。艦砲射撃で、日本軍の地上に露出した陣地、高所に設けられた観測所・銃火器陣地が大きな被害を受けたが、洞窟や岩場を利用した火砲掩体は損害を免れた。チャランカノアやガラパン、タナパクなど市街地は砲撃で炎上し、民間人は地下の防空壕に避難したが、多くの死傷者がでた。

大戦中、アメリカ海軍は潜水破壊班（ＵＤＴ：Underwater Demolition Team）という秘密の部隊をつくった。この部隊の提唱者ドレイバー・カウフマン少佐は、海軍から水泳の優秀者たちを選抜、フロリダのフォート・ピアースで厳しい訓練を重ねてきた。潜水破壊班は、港湾での破壊工作や島嶼の上陸作戦で水中での作業を任務とする。

六月十四日、上陸作戦決行の前日の夜、カウフマン少佐の指揮する潜水破壊班は、歩兵上陸用舟艇（LCI）からゴムボートに乗り移り、チャランカノア海岸から一八〇〇メートルの海域に進入した。そこで潜水し、珊瑚礁、水路など海底の地形、また機雷の設置の有無と海岸の日本軍の防衛態勢を調査した。彼らは、海岸を警戒する日本軍に発見され砲撃にさらされた。士官二四名、下士官兵八〇名で構成される潜水破壊班は、このとき一六名が負傷した。

海軍の潜水破壊班が持ち帰った情報は重要だった。それに基づき海兵隊の指揮官たちは、珊瑚礁がところどころ隆起した砂浜までの海域を、どの経路で兵士たちを乗せたLVT（水陸両用装軌車）や戦車を陸揚げするLST（戦車揚陸艦）を突入させるべきかを検討した。

チャランカノア海岸の激戦

上陸作戦の決行の日、その日をアメリカ軍は「Dデイ」と呼んだ。島嶼攻略作戦ではこの「Dデイ」を基準に、たとえば上陸の二日前を「Dマイナス2」、上陸後三日目を「Dプラス3」と称した。サイパン島を攻略する「略奪作戦」は、二〇日で完了する日程が組まれていた。すなわち「Dプラス20」に、この島の日本軍を壊滅させることが、第五両用軍団（V Amphibious Corps）司令官ホーランド・M・スミス中将の使命だった。太平洋における日本軍との戦いは、まだ途上で先は長い。サイパン島攻略後、次にテニアン島やグアム島、そして小笠原諸島の硫黄島・南西諸島の沖縄への侵攻という作戦計画が控えていた。

ついに「Dデイ」の一九四四年六月十五日。数時間後に上陸作戦をおこなう第二海兵師団と第四海兵師団の合わせて約四万三〇〇〇名の兵士たちは、〇四時四五分の日の出時刻のずっと前に起床していた。装備の最終点検を完了し朝食をかきこんだ。輸送船の甲板上には、多数のLVTがひしめきあっている。LVTは約七〇〇輌、それらに乗り込んで海兵隊兵士たちは、サイパン島西のオレアイとチャランカノアの海岸に殺到する計画だ。

〇四時四五分、水平線上に太陽がオレンジ色に輝く片鱗をみせると、サイパン島沖合の戦艦八隻を基幹とするアメリカ海軍の支援艦隊は、島の海岸へ激しい砲撃を開始した。

同じころ、島の北西部タナパク湾の海岸を守る日本軍守備隊（北部地区警備隊）にも緊張がはしった。アメリカ軍の上陸地点は、地形から判断して島の西海岸南部と予想されていた。しかし沖合に艦砲射撃をする巡洋艦、そして上陸部隊を運んできたと思われる輸送船団があらわれた。北部地区警備隊は、井桁敬治少将の第三一軍司令部の直轄だが兵力は乏しかった。北部地区警備隊には、独立臼砲第一四大隊・独立戦車第三中隊・独立戦車第四中隊・歩兵第一八連隊が配置されていたが、いずれもサイパン島到着前にアメリカ軍潜水艦に輸送船を沈められ、臼砲や戦車を

サイパン島の西海岸に殺到する海兵隊の乗り込んだＬＶＴ（水陸両用装軌車）（1944年6月15日）。

もたない名ばかりの臼砲部隊や戦車部隊だった。

井桁敬治少将は、海上の多数の艦船を見て、圧倒的戦力格差に不安を感じた。しかしこれは、アメリカ軍の陽動作戦に違いないと考えた。なぜならアメリカ軍艦船は、夜間のうちから監視塔の見張り員が発見していたからだ。可能なかぎり秘密裏に、かつ迅速にやらなくてはならない敵前上陸の直前に、故意に行動を暴露しているようだった。島の北部西海岸での上陸作戦は、島の南部で準備されつつあるそれより、はるかに小規模だった。

○五時五五分、島の北部西海岸の町タナパク北部の海岸へ向け、多数のＬＶＴが海上を走り始めた。この陽動作戦に投入されたのは、第二海兵連隊（第二海兵師団）、第二四海兵連隊（第四海兵師団）である。上陸する海岸は、タナパクの北東の二地点（ブラック１・２）、タナパクの南西の二地点（スカーレット1・2）と作戦地図に記載されていた。北部地区警備隊の歩兵第一八連隊は、海岸線でそれらを迎撃すべく、迫撃砲の砲員と機銃陣地の射手は、敵が射程に入るのを待った。

一方、島の南部の西海岸、アメリカ軍の上陸作戦の本隊が投入されるオレアイ海岸、チャランカノア海岸では艦砲射撃が続いていた。〇六時〇〇分に砲撃は中止され、代わって近海にある護衛空母から発進した艦載機が日本軍守備隊に急降下爆撃と銃撃をおこなった。そしてその三〇分後にまた艦砲射撃が再開された。空爆と砲撃の目標とされたのは、日本軍の陣地や塹壕、ヒナシス丘陵およびアフェタナ岬・アギガン岬・オビアム岬・ナフタン岬など高台に置かれた砲台だった。いよいよ開始される海兵隊の上陸の前に、日本軍の大砲火力をできるかぎり潰そうとしていた。

島の日本軍砲台は、海上のアメリカ軍艦に反撃した。戦艦に命中弾をあたえたのは、サイパン島ではなくテニアン島北端の海軍の砲台だった。約五キロのサイパン水道をへだてて、南方に位置するテニアン島の砲台から発射された一四センチの榴弾は、四発が戦艦「テネシー」を直撃した。被害は、死者九名、負傷者二六名、一二・七センチ両用砲の破損だった。

サイパン島へのアメリカ軍襲来が現実となると、日本海軍は基地航空部隊を出動させた。その主力となるべき第一航空艦隊は、六月十一日以降のアメリカ軍艦載機の攻撃でほぼ壊滅したが、グアム島にはまだ残存機があった。疲弊した航空部隊は、小規模な攻撃であってもサイパン島日

太平洋戦争劈頭の真珠湾攻撃で、戦艦「テネシー」は小破したが、修理と大改修を経て前線に復帰した。「テネシー」には「Ｄデイ」(1944年6月15日）に、テニアン島の日本軍の砲台から発射された14センチの榴弾が4発命中、死者9名、負傷者26名、12.7センチ両用砲破損という被害を受けた。

サイパン島に殺到する上陸部隊を砲撃支援する巡洋艦「インディアナポリス」と「バーミンガム」。海面には、サイパン島の西海岸に向かうＬＶＴ（水陸両用装軌車）の白い航跡が走る（1944年6月15日)。

本軍守備隊を支援しようとした。しかし周到なアメリカ軍はそれさえも許さなかった。アメリカ海軍の空母機動部隊は、グアム島の日本の航空隊が離陸できないようにサイパン島の上陸作戦開始日の〇六時三〇分にグアム島の日本軍航空基地を襲った。一方、同じ日、トラック諸島の海軍航空隊は、艦上攻撃機一一機でサイパン東方海域のアメリカ軍艦船を攻撃、戦艦と巡洋艦各一隻に魚雷を命中させた。しかしサイパン島攻略作戦に大兵力を投じるアメリカ軍にとって、それは無視できるほどの損害だった。

六月十一日からの空爆、六月十三日以降の激しい艦砲射撃が続けられるなか、南部地区警備隊は南興神社の近くの洞窟に司令部を移していた。ここには第四三師団の司令官斎藤義次中将がこもり、島南部の西海岸に殺到するアメリカ軍部隊を迎撃する「水際作戦」の指揮をとる。独立混成第四七旅団を率いる岡芳郎大佐は、その戦闘指揮所をヒナシス山付近においた。南部地区警備隊を構成する船舶工兵第一六連隊、独立工兵第七連隊、戦車第九連隊、工兵第二五連隊、高射砲第二五連隊、独立山砲第三連隊、独立歩兵第三一五大隊、独立歩兵第三一七大隊、歩兵第一三六連隊が、海兵隊の上陸部隊を待ち構えていた。

しかし彼らは、島での戦いが始まる前、空爆と艦砲射撃でかなり痛めつけられていた。西海岸を守る日本軍守備隊の砲台や陣地、塹壕に、戦艦の榴弾や艦載機の陸用爆弾が着弾し、数百名の日本兵がアメリカ兵の姿を見ることなく戦死し、破壊された山砲や野砲も多かった。

太平洋の島嶼防衛における日本軍守備隊の作戦の基本は、アメリカ軍の上陸部隊を海岸線で迎撃する「水際作戦」だった。その戦術を最善と判断した東條英機参謀総長は、「水際作戦」を徹底するよう指揮官たちに命じていた。上陸用舟艇が海岸に到達、兵士たちが海岸に降り立ったとき、彼らは無防備で日本軍の銃火器はもっとも照準しやすい。海岸で上陸部隊を阻止することが、劣勢の日本軍守備隊にもっとも有利な戦いとなるはずだった。

しかし現実は違っていた。サイパン島攻略作戦の前におこなわれた一九四三年二月のガダルカナル島、五月のアッツ島、十一月のタラワ・マキン島の戦いで明らかだったように、アメリカ軍の島嶼作戦では上陸部隊だけに対応すればいいわけではなかった。近海の護衛空母を発進した艦載機の空爆、沖合の戦艦からの激しい砲撃がアメリカ軍上陸部隊を強力に支援した。空と海と陸の連携が、「水際作戦」のため海岸に集中配備された日本軍の山砲・迫撃砲・戦車を破壊した。実際は「水際作戦」よりも持久戦や漸減戦術のほうがはるかによかった。このことは、サイパン島の戦いの後、栗林忠道中将が指揮した一九四五年二月に始まる硫黄島の戦いで証明された。硫黄島で日本軍は、地下壕陣地を拠点に持久戦を継続し、上陸部隊を漸減する戦術に徹した。サイパン島は硬い珊瑚や岩で形成されており、山岳地帯と東海岸には洞窟も数多くある。これらに兵力を隠蔽し、長期戦を戦うべきだった。

また硫黄島の戦いで栗林中将は、短時間で兵力の大損失をまねく大規模攻撃や移動、また自決や「玉砕攻撃」を厳禁とした。しかしサイパン島での戦いでは、それらが指揮官の命令で繰り返され、残存兵力を全力投入した「玉砕攻撃」で日本軍守備隊は壊滅する結果となった。

第二海兵師団・第四海兵師団の四万三〇〇〇名以上を運んできた輸送船は、チャランカノア沖約一万五〇〇〇メートルに停止していた。すでにLVT（水陸両用装軌車）が輸送船から海上に降ろされ、第一陣として海岸に突入する海兵隊兵士数百人が、輸送船の舷側から積荷用のなわ網をつたってLVTに乗り移っていた。

〇五時四二分、統合遠征軍（Expeditionary Troops）の総司令官リッチモンド・K・ターナー中将は、島の南西部のチャランカノア海岸への上陸開始を命じた。〇七時〇〇分、海上で待機中の各種LVTは、チャランカノア海岸の沖合に定めた出発線（Departure Line）の後方に向かった。出発線の端に位置した指揮船（Control Vessel）が、計画で定められた各LVTの上陸経路と上陸地点に誤りがないよう監視する。指揮船は、各上陸部隊を監視し、無線で上陸部隊に適切な指示と情報をあたえる。

兵士たちが上陸する海岸線は、ガラパンの南二キロメートルのオレアイ海岸からアギガン岬までの南北八キロメートル。上陸部隊第一波、各連隊の上陸地点は、北から南に向かい次のように定められていた。第六海兵連隊（第二海兵師団）がレッド1・2・3、第八海兵連隊（第二海兵師団）がグリーン1・2・3、第二三海兵連隊（第四海兵師団）がブルー1・2、そして第二五海兵連隊（第四海兵師団）はイエロー1・2・3である。

LVTが上陸地点へ向けて突入を開始するのは「H時刻」とされ、〇七時三〇分と決められていた。しかし数輛のＬＶＴが、所定の位置につくのに手間取っていたため、「Ｈ時刻」から十分遅れとなった。

〇七時四〇分、ついに指揮船の発進命令を告げるライトが点灯した。第一波となるＬＶＴの一群が、海岸に向かって全速力で走りだした。ＬＶＴの最大速力は、水上では時速一一キロメートルにすぎないので、それらを見守る艦船の乗員の目にはゆっくりとした動きに見えた。ＬＶＴの集団は、海上に幾筋もの白い航跡を残し、それは一直線にサイパン島へ向かった。

一輛のＬＶＴに二四〜五名定員でひしめき合う海兵隊兵士たちは、闘志を奮いたたせ無事海岸に着くことを神に祈った。彼らの後方では、戦艦八隻の大口径砲が艦砲射撃を続けている。その威勢のいい砲撃音が、彼らの不安をいくらか和らげた。多数の兵員搬送用ＬＶＴは、ブローニング機関銃二挺を装備する「ウォーターバッファロー」や七五ミリ砲をもつ「アムタンク」に守られていた。それらの武装ＬＶＴの射手たちは、海岸に日本軍の陣地を探し、射程内にとらえるのを待った。四・五インチのロケット砲、二〇ミリ機銃、四〇ミリ機関砲を搭載した哨戒艇数隻が、第一波の上陸部隊の側面を並走していた。哨戒艇は島を取り囲むように隆起した珊瑚礁のため、海岸の近くまで接近はできない。

チャランカノア海岸沖合を警戒する日本軍の銃座、砲台はじっと沈黙を守っていた。この四日間続いたアメリカ軍の空爆と艦砲射撃でかなりの損害をだしていたが、まだ多くの山砲・迫撃砲が健在だった。ＬＶＴの大群が、一斉に沖合から島へ迫って来る。砲台の指揮官と砲員たちは、それらが岩礁に到達するのを固唾をのんで見守っていた。

島の西には、海岸線に沿って五〇〇メートルから一〇〇〇メートル沖に珊瑚礁が帯状に隆起し連なっている。水陸両用装軌車であるＬＶＴは、その岩礁をキャタピラーで走行し乗り越えて進むことができる。岩礁のわずか手前でＬＶＴは推進器（プロペラ）を停止し、キャタピラーを駆動した。操縦手がアクセルを踏み込むと、排気パイプから黒煙を吐きながら、鉄のキャタピラーが岩場に取りついてＬＶＴは力強く前進した。

砲台を指揮する日本軍の士官は、岩礁にＬＶＴが群がると大声で砲撃開始を命じた。大きな発射音が砲座を震動させ砲煙が噴き上がった。数秒後、迫撃砲と山砲の榴弾が、岩礁に取りついたＬＶＴの群れに降り注いだ。日本軍は、岩礁にあらかじめ照準を調停、試射も済ませていたので射撃は正確だった。

直撃弾をまともに受けたＬＶＴは、二十数名の海兵隊兵士もろとも粉々に吹き飛んだ。兵員を運ぶＬＶＴの天蓋には、なんの遮蔽物もなく、ほぼ直上から落下してきた榴弾は、ひしめきあう兵士たちの集団の真ん中で炸裂、全員が戦死した。日本軍の射撃は正確だったが、海岸めがけ殺到する数百輛のＬＶＴすべてには対応しきれなかった。また岩礁も海岸線も南北に八キロメートルと非常に長く、射撃目標を的確に選択できない。さらに日本軍守備隊の砲撃が始まると、これまで隠蔽していた砲台・山砲・迫撃砲陣地の位置が、上空監視を続けていたアメリカ軍機に特定された。それは無線で、戦艦部隊に連絡され、大口径砲の砲弾が容赦なく浴びせられた。日本軍の迫撃砲はもちろん山砲も、アメリカ軍の戦艦部隊を砲撃するには射程が足りなかった。しだいに岩礁のＬＶＴに対する日本軍の砲撃が弱まり、岩礁を越えて海岸に向かうＬＶＴの数が増えていった。日本軍の砲台は、近距離に迫ったＬＶＴを射撃目標として優先した。

被弾で損傷し、数輛のＬＶＴは岩礁で動けなくなった。乗り込んでいた海兵隊兵士は、そこに留まることも撤退することも許されなかった。砲弾がひっきりなしに上空から落下し、周囲に着弾していた。兵士たちは、岩礁や海中に降り、先行するＬＶＴの後ろに身を隠しながら小銃を海水に浸けないようそれを高く掲げ、波に抗いつつ前進した。周囲の海面には砲撃の水柱が林立している。その爆圧と弾片にやられ、何人もの兵士たちが死傷した。やっとのことでたどり着いた海岸は、また新たな地獄だった。迫撃砲の攻撃にくわえ、軽機関銃の弾丸が風を切り裂く音とともに兵士たちを襲った。

ＬＶＴのブローニング機関銃は陸に向けて射撃していたが、射手には敵の姿が見えているわけではなかった。日本軍の放つ曳光弾の射点をめがけ、撃ちまくっていた。輸送船内でのブリーフィングでは、機関銃の射手は最悪の状況を考え弾薬を節約するように繰り返し言われていた。しかし射手は、「日本軍の射程に入ってから、ずっと最悪の状態なのに、どうしろっていうんだ」と憤っていた。

日本軍守備隊の砲撃の着弾観測をして、各砲台と迫撃砲陣地に情報と指示をだしていたのは、タッポーチョ山頂の弾着監視の部隊だった。山頂から見渡す西海岸では、岩礁を乗り越え海岸に到達するLVT（水陸両用装軌車）が増えつつあった。着弾監視兵は、岩礁から海岸の敵へ砲撃照準を移すべき時期と判断し、それを各砲台・迫撃砲陣地に伝えた。

タッポーチョ山西側に布陣した第四七旅団の三島重砲隊は、砲撃によって数十輌のLVTを岩礁と海岸で破壊した。この激しい砲撃でアメリカ軍の進撃は、一時中断した。しかしその中断は撃退ではなく、アメリカ軍の戦艦部隊の砲撃のためのものだった。海岸にやって来た最前線の海兵隊指揮官は、あの山麓の日本軍の大型火器をなんとかするよう、無線で強く要請した。ただちに上空のアメリカ軍機が、さかんに砲撃を続ける三島重砲隊の位置を特定、無線連絡した。

島の沖合、日本軍の大砲の射程外に布陣する戦艦八隻の大口径砲が火を噴いた。直径一四インチ（三六センチ）、重量約八〇〇キログラムの榴弾の破壊力はすさまじく、着弾地点の土砂を吹き飛ばしクレーターを掘り、樹木を炸裂で飛び散った鋭利な弾片で切り裂いた。この激しい砲撃は三〇分続けられた。山麓に隠蔽された陣地に重火器を備えつけていた三島重砲隊は、降り注ぐ大口径砲の榴弾に砲を破壊され、ほぼ全員が死亡した。

〇七時五〇分頃、西海岸の岩礁付近で大勢の死傷者をだしながらも、ついに海兵隊の第一波がチャランカノア海岸に到達した。激しい日本軍の砲撃と銃撃で、LVT数輌は計画経路をはずれ上陸地点に若干ずれが生じた。第六海兵連隊（第二海兵師団）は上陸地点「レッド1・2・3」、第八海兵連隊（第二海兵師団）は上陸地点「グリーン1・2・3」と上陸地点が定められていた。しかしこれらの部隊は、約三五〇メートル北よりの海岸に到着した。南側の海岸へ向かった第二三海兵連隊（第四海兵師団）は（上陸地点「ブルー1・2」）、そして第二五海兵連隊（第四海兵師団）（上陸地点「イエロー1・2・3」）は計画地点の海岸に到達した。そのため第二海兵師団と第四海兵師団の間に位置するアフェタナ岬に空白が生じてしまった。

アフェタナ岬の高台には日本軍の砲台がある。その位置は、南北約八キロメートルに及ぶ上陸海岸の中間となる。アフェタナ岬の砲台は、上陸開始前からアメリカ軍の艦砲射撃と空爆を受けていたが、まだ持ちこたえていた。アフェタナ岬をはさんで南のチャランカノア海岸に第四海兵師団、北のオレアイ海岸に第二海兵師団が到達したが、それらはアフェタナ岬の砲台から激しく側面を砲撃された。

当初、上陸した海兵隊は、LVTに乗ったまま進撃するはずだったが、それができたのは一部だけだった。上陸初期、海岸にLVTが少なかったときは、それは日本軍の格好の射撃目標となった。海面に浮かんで航行するLVTは軽くつくられていて、戦車と違い充分な防御は施されていない。海兵隊員はLVTから降り、停止したままのLVTの陰で、他のLVTが上陸してくるのを待った。現場の指揮官は、LVTの集団を押し立て一気に前進、できるだけ内陸に拠点を確保するつもりだった。しかし待機している間、日本軍の迫撃砲弾は雨のように頭上から降ってくる。海兵隊兵士たちは、一刻も早く空爆や艦砲射撃が日本軍の砲座を潰してくれるのを祈りながら、前進命令を待った。

兵士たちは、LVTの背後に隠れていたので全滅はまぬがれたが、かなりの死傷者がでた。榴弾が炸裂し粉塵と砂煙が漂うなか、小隊長は衛生兵の名を呼ぶ。血だらけになった兵士の肢体が砂浜に吹き飛ばされていた。救出のため遮蔽物のない砂の上を負傷した仲間に向かって這い進む兵士たちも、銃弾を浴びた。小隊長は近くのＬＶＴを移動させ盾とし、その陰に負傷者を集めた。装甲の薄いＬＶＴの側面を日本軍の機銃掃射が貫き、兵士たちは次々と銃弾に倒れていく。

第二三海兵連隊（第二海兵師団）の第三大隊で小隊を率いるジョン・Ｃ・チャッピン中尉は、チャランカノア海岸にやっとのことでたどり着いた。彼らが乗って来たＬＶＴは榴弾にやられて動かなくなり、海岸の少し手前で放棄した。数輌のＬＶＴの残骸が燃えている砂浜は、酷い有り様だった。波打ち際にずたずたになった海兵隊兵士の異様な形の身体、吹き飛んだ火薬箱の蓋、背嚢やベルトなど兵士の装備品に交じって、もぎ取られたような手や足もあった。その光景は、地獄そのものだった。横倒しになったＬＶＴや「アムタンク」が、業火に焼かれ黒煙を噴き上げていた。

刺激性の強い火薬の臭いがたちこめ、耳をつんざく射撃音と爆発音はすさまじく、砂に顎をめり込ませて伏せる兵士たちの目はヘルメットの下で血走っていた。小銃か機銃の銃弾が空気を切り裂く鞭のような音と同時に、目の前の砂が飛び散る。敵の姿は塹壕の遮蔽物に覆われてまったく見えない。しかし、銃弾は彼らに向け雨のように注がれていた。

チャッピン中尉は、近くに小銃の発射音を聞いた。そのほうを見ると、部下のひとりが半自動小銃Ｍ１ガーランドを日本軍の塹壕に向け連射していた。思わずチャッピン中尉は、射撃をやめるように怒鳴った。しかし砲撃と機銃の連射音に、彼の声はかき消された。チャッピン中尉は、砂の上で腹這いのまま身体の向きを変えると、その兵士の肩を拳でなぐって、「やめろ！」と叫んだ。この状況での反撃は、日本軍の射撃目標となるだけだ。

そのとき、チャッピン中尉の聴覚は周囲の騒音のなかに上空に鋭い風切り音をとらえた。なにかが真上から落下してくる。大声で部下に退避を命じ、立ち上がると彼と彼の部下は必死で散らばった。一秒か二秒して、爆発音と同時にすさまじい爆圧の衝撃でチャッピン中尉の身体は砂の上に強くたたきつけられた。なんとか意識をつなぎとめ、砂だらけの顔を拳で拭い目をあけると、何人かの部下たちの姿を見た。ずたずたの戦闘服で倒れたまま動かない兵士。ひとりの兵士は弾殻の破片を浴び、身体に食い込んだ灼熱の弾片の熱さに悲鳴をあげている。そばの兵士がそれを引き抜いてやろうと懸命になっていた。

最初のＬＶＴが海岸に到達したのが〇七時五〇分頃。その名誉あるＬＶＴ（水陸両用装軌車）に乗り込んでいた兵士たちで勲章をもらえた者はひとりもいなかった。日本軍の迫撃砲と機銃掃射を集中的に浴び、兵士たちは全員が死んでしまったからだ。それでも砂浜にさらされた残骸と死体に臆することなく、ＬＶＴは次から次へと海岸にやって来た。そして、次第に海岸に集団を形成、数輌のＬＶＴを連ねて遮蔽物とし、海岸に掘られた日本軍の塹壕の機銃に反撃をくわえ始めた。浜辺の指揮官は無線で空爆を要請した。空爆の直後に爆煙の中、敵の塹壕になだれ込むつもりだった。彼は無線で空爆と海兵隊の突入のタイミングを確認し、浜辺のLVTの陰に集めた兵士たちに突入を伝えた。

SBD「ドーントレス」急降下爆撃機の編隊が上空に出現した。先頭の指揮官の乗る一機が高度を下げ、チャランカノア海岸の海兵隊の上空を通過した。彼は海兵隊部隊と攻撃目標の位置を確認した。指揮官機が上空に舞い戻ると、爆撃機の編隊が一機ずつ急降下を開始し陸用爆弾（榴弾）を日本軍陣地へ投下した。連続した爆発音とともに日本軍陣地周辺に爆煙があがった。最後の機が爆撃を終了すると、数輛のLVTを盾に集結していた海兵隊兵士たちは一斉に突入した。

決死の突入だったが、このとき砂の上を懸命に走る兵士たちで銃弾で斃《たお》れる者はいなかった。空爆の直後で、あたりは爆煙がたちこめ視界がきかなかったからだ。日本軍陣地に突入した海兵隊は、日本兵と白兵戦になったが、数で圧倒する海兵隊に分があった。日本軍の三八式歩兵銃は、手動で操作して弾薬の装填、薬莢の排出をおこなうボルトアクション方式の五連発である。海兵隊は、配備されたばかりの新型のM1ガーランドを装備している。半自動小銃M1ガーランドは、引き金を引くだけで八発の連続射撃ができるため、突撃銃としては優れていた。

ようやく海兵隊は、海岸にもっとも近い日本軍の陣地の一角を確保した。これで上陸部隊を迎撃する日本軍を、側面から攻撃することができる。また後背地の山麓の日本軍陣地に対しここから迫撃砲を撃ち込むことが可能だ。海岸の海兵隊に対する日本軍の機銃掃射や砲撃は著しく弱められた。

サイパン島南部のチャランカノア海岸にＬＶＴ（水陸両用装軌車）で上陸した海兵隊兵士たち（1944年6月15日）。

日本軍守備隊の銃撃のなか、前進する海兵隊兵士（1944年6月15日）。

アメリカ軍の上陸部隊は、〇七時四〇分に海岸に到達した第一波から第二波、第三波、そして〇九時〇〇分の第四波と続き、約三〇〇輌のＬＶＴが、第二海兵師団と第四海兵師団約八〇〇〇名を、オレアイ海岸とチャランカノア海岸に送り込んだ。これは海岸を守る日本軍守備隊の部隊に対し、圧倒的な兵力だった。

アメリカ軍が海岸線を確保したことで日本軍守備隊は最前線の塹壕を放棄、後退を余儀なくされた。「水際作戦」は崩れた。日本軍はこの「水際作戦」のため、山砲、野砲、機銃陣地を海岸付近に集中配置し、それらはアメリカ軍の激しい空爆や艦砲射撃の格好の目標とされ、短時間のうちに大きな損害をこうむる結果を招いた。

密林と洞窟の戦い

島南部の西海岸での敵前上陸を成功させ、海岸近くに拠点をかためた海兵隊は、これから島の南部を制圧しつつ中部の山岳地帯、そして北部へ向け進撃する。アメリカ軍は、左翼（北側）を第二海兵師団、右翼（南側）を第四海兵師団として前線を形成し、「略奪作戦」（Operation FORAGER）の地図に書き込まれた「目標到達ライン」（Objective Line）を段階的に確保する計画だった。

最初の「目標到達ライン」として設定された「Ｏ－１ライン」（First Objective Line）は、チャランカノア海岸線の南北約六キロメートル、内陸へ約一・五キロメートルである。海兵隊兵士たちは、「O－1ライン」までLVTに乗車したまま進出する計画だった。しかし多くのLVTが上陸時に損傷を受け、それができなかった。第四海兵師団の少数の部隊だけが、LVTで内陸部に侵攻した。

オレアイ海岸に上陸した第二海兵師団が海岸から前進すると、その地域に布陣した日本軍守備隊の歩兵第一三六連隊第二大隊が応戦した。ここはススペ湖の北部で、沼沢地帯が広がっている。歩兵第一三六連隊第二大隊は、迫撃砲などで海兵隊のLVTを攻撃し、その数輌を破壊した。また吉村成夫大尉が指揮する戦車第九連隊第四中隊は、第二海兵師団を戦車砲で砲撃し大きな損害をあたえた。

しかし、すでに上陸したLVTは約三〇〇輌、その半数が第二海兵師団のもので、圧倒的兵力の前に次第に戦車第九連隊第四中隊は劣勢となった。くわえて日本軍陣地への艦砲射撃と空爆で、日本軍の戦車部隊は損害が増える一方だった。通信線断絶で情報や命令が伝わらず、各部隊の連携は失われて日本軍の指揮は混乱した。

昼近くになると、個々の大隊・中隊ごとに目前の上陸部隊と交戦するだけで精一杯となり、押し寄せるアメリカ軍の勢いに押され、多くの日本軍部隊はタッポーチョ山南部の山麓に退いた。吉村成夫大尉の戦車第九連隊第四中隊も多くの戦車を破壊され、オレアイの東南一キロメートルにあるチャランケンに撤退した。

午後、日本軍守備隊の戦車部隊は歩兵部隊と連携し、オレアイ海岸の第二海兵師団に対し反撃にでた。吉村大尉の戦車第九連隊第四中隊が先行し、九七式中戦車を盾に歩兵第四〇連隊第三大隊が続いた。第二海兵師団の戦車部隊はまだ揚陸作業中で、オレアイ海岸の海兵隊には戦車の援護がなかった。第六海兵連隊（第二海兵師団）は、日本軍の砲撃と銃撃に有効に反撃できないまま海岸線へ後退した。追いつめられた海兵隊兵士たちは海に入り、さらに岩礁に向かって泳がなくてはならなかった。

第六海兵連隊の指揮官ジェイムス・P・リスリィ大佐は、無線でオレアイの内陸部に艦砲射撃を緊急要請した。精密爆撃ができる急降下爆撃のほうがよかったが、すぐに空爆できる艦載機が近くにいなかったため艦砲射撃になった。海岸線を背にした海兵隊と日本軍との距離は短かった。リスリィ大佐は、戦艦の砲弾が海兵隊の頭上に絶対に落ちてくることがないよう、無線機の受話器に怒鳴った。射撃要請から二〜三分後、アメリカ軍を追いつめ戦闘の勝利を確信していた戦車第九連隊第四中隊に、戦艦の大口径砲の榴弾が降り注いだ。着弾した榴弾は着発信管が瞬時に起動し炸裂、鋭利な刃物のような弾殻の破片が戦車の鋼材を切り裂いた。戦車の後方を進む日本兵たちはすさまじい爆圧になぎ倒された。たった数分間の砲撃で戦車第九連隊第四中隊と歩兵第四〇連隊第三大隊はほぼ全滅、吉村成夫大尉も戦死した。

アメリカ軍が上陸した南北約八キロメートルの海岸線のほぼ中央に、アフェタナ岬が突き出ている。海岸を見渡せるアフェタナ岬の高台には、日本軍の砲台、機銃陣地があった。これらは度重なるアメリカ軍の艦砲射撃に耐えていた。砲台陣地は頑強に造られていたが、内部は砲員や機銃員の死傷者であふれていた。この岬の高台は、南北の海岸に射界がひらけ、砲撃と銃撃に有利な条件がそろっていた。日本軍守備隊は、アフェタナ岬の砲台に背後から兵員と弾薬などを補給し、ここをなんとか死守するのに懸命だった。海兵隊は、アフェタナ岬を制圧しなくては海岸の安全が確保できない。

アフェタナ岬の南、チャランカノア海岸に上陸した第四海兵師団は、七五ミリ砲をもつＬＶＴ（Ａ）－１「アムタンク」や榴弾砲をもつＬＶＴ（Ａ）－４「ウォーターバッファロー」を前面に押し立て内陸への進撃を始めた。これらのＬＶＴも日本軍の砲弾を受け、数輛が破壊された。標高一六三メートルのヒナシス山の東側丘陵地帯では、独立歩兵第三一六大隊が、蜂の巣状に構築した塹壕陣地から、迫撃砲や機関銃で激しく海兵隊に反撃した。第二三海兵連隊（第四海兵師団）の指揮官ルイス・Ｒ・ジョーンズ大佐は、部隊の前進を中止させた。

「ここを強引に突破するのは不可能ではないが、それにはかなりの犠牲を覚悟しなくてはならない。この場合、やはり艦砲射撃と空爆で山麓の日本軍陣地を徹底的にたたいてから兵を進めるべきだ」

そう判断したジョーンズ大佐は、通信兵を呼んだ。

サイパン島周辺の海上に戦艦と護衛空母を含む大艦隊を動員したアメリカ軍は、上陸部隊を艦砲射撃と空爆で非常に効率的に支援した。陸上部隊が日本軍の山砲や機銃陣地で前進をはばまれ

ＬＳＴ（Landing Ship Tank　戦車揚陸艦）から上陸するアメリカ軍の戦闘車輌。サイパン島攻略作戦でＬＳＴは、約150輌のＭ４中型戦車「シャーマン」を島に揚陸させた。

ると、それらの位置を特定し無線で司令部に連絡、艦砲あるいは航空攻撃を要請する。当初、銃撃戦で優勢にみえた日本軍はアメリカ軍部隊の後退の直後、集中的な艦砲射撃と急降下爆撃機の空爆を受け、その圧倒的火力に粉砕された。また常に島の上空にある哨戒爆撃機は艦砲射撃の着弾位置の観測をおこない、その情報が艦砲射撃の照準精度を高めていた。

チャランカノア海岸の南端に位置するアギガン岬には、堅固な日本軍の砲台が構築されており、上陸する海兵隊を砲撃した。しかしアメリカ軍の戦艦からのすさまじい砲撃を受け、この日の昼過ぎには沈黙した。

午後になって、アフェタナ岬の砲台がついに攻略された。このころには日本軍の「水際作戦」は完全に崩壊していたから、沖合の輸送船からＬＶＴで海兵隊兵士たちが続々と上陸していた。アフェタナ岬の砲台は、その背後にもアメリカ軍が回り込み敵中に孤立した状況だった。この砲台の日本兵は全員が戦死し、岬の陣地はアメリカ軍の手に落ちた。

アギガン岬とアフェタナ岬の日本軍の砲台が攻略されると、オレアイ海岸とチャランカノア海岸に対する日本軍からの直接的脅威がなくなった。アメリカ軍は、戦車や山砲の揚陸が可能と判断し、それらを搭載したＬＳＴが岩礁の切れ目を慎重に通過して海岸に接近した。

ＬＳＴは、港湾岸壁のない海岸に戦車や車輌・山砲などを陸揚げする艦である。ＬＳＴはその艦首を海岸に乗り上げ、前部の開閉扉を開け、搭載してきた戦車・山砲などを上陸させる。これはもともとイギリスで考案・設計されたが、アメリカはその有用性を認め、ＬＳＴを大量に生産した。アメリカ軍は、多数のＬＳＴを所有し、太平洋戦線では一九四三年六月のソロモン諸島の攻略で最初に投入し、運用方法を研究した。サイパン島攻略作戦では、ＬＳＴが約一五〇輌の戦車をこの島に揚陸させた。

島の西側を囲む岩礁の切れ目をすり抜け、チャランカノア海岸に接近したＬＳＴは、バラストを調整し艦首を上げた姿勢で砂浜に乗り上げた。艦首の大きな開閉扉が左右に開かれ、渡し板が引き出されると艦内の中型戦車Ｍ４「シャーマン」が、エンジンを始動し排気ガスを噴き上げた。キャタピラーが硬い連続した音をたてながら渡し板を進み、波打ち際に降りた。戦車の揚陸の後には、牽引車輌に接続された山砲がＬＳＴの格納庫から姿をあらした。

ＬＳＴから海岸に降りたＭ４「シャーマン」は、幹線道路付近に集結し進撃に備えた。第二海兵師団戦車大隊は、日本軍と戦闘中の海兵隊を支援するためすぐに行動を開始した。内陸に進出すると、日本軍陣地を砲撃、歩兵部隊の盾となりながらチャランケンの丘陵地帯へ向かった。日本軍は、山砲と迫撃砲でアメリカ軍戦車に対抗し、その日、第二海兵師団戦車大隊の八輌のＭ４「シャーマン」を破壊した。

チャランカノアの海岸に上陸した第二三海兵連隊（第四海兵師団）は、チャランカノアの市街地へ侵攻した。町に足を踏み入れた海兵隊兵士はすべてが廃墟と化した町の様子に驚いた。上陸の四日前からおこなわれた空爆と艦砲射撃が、二五〇〇人以上の人びとが暮らしていた町を徹底的に粉砕していた。チャランカノアは南洋興発株式会社の製糖業で栄えたが、工場や木造家屋の多くが焼け落ち、煉瓦や鉄材、コンクリートを残して燃え尽きていた。しかし遮蔽物はふんだんにあった。少数の日本兵の部隊が、巧妙に隠された陣地から機関銃や小銃で海兵隊兵士を狙った。とくに厄介なのは日本軍の狙撃兵だった。日本軍は、本隊が撤退する際、それを追撃するアメリカ軍部隊の足止めとして、数名の狙撃兵を「捨て駒」として置いていくことが多かった。

日本軍の狙撃兵の使用銃は、三八式歩兵銃を改良した九七式狙撃銃である。三八式歩兵銃は明治時代の古い設計だったが、銃職人の手で一挺ごとに丹念に造られ、高い命中率を誇っていた。九七式狙撃銃は、三八式歩兵銃に着脱式の二・五倍の照準眼鏡と単脚を備えている。優れた射手であれば、この銃で距離一〇〇ヤード（九一メートル）で直径一インチ（二・五四センチ）の標的に命中させることができた。小口径銃のため発砲煙は小さく射撃位置の特定が難しかった。

チャランカノアの市街から日本兵を一掃することを命じられた海兵隊の部隊は、日本兵が潜伏していそうな廃墟を手榴弾で吹き飛ばし、あるいは火炎放射器の火焔を浴びせた。道路には、いたるところに日本兵や民間人らしき遺体がころがっていて、それらには無数のハエがたかり異臭を放っていた。強く照りつける南国の太陽、街路には火災で灰が数センチも積もり、地面からの熱気で遠くの景色が屈折し揺らめいている。海兵隊兵士たちは、狙撃兵に狙われることを警戒しながら、建物から建物へと慎重に移動した。人間の身体が腐る臭いに掌で鼻を覆い、額から流れる汗が目に入るたびに拭った。歩くと地面から灰が舞い上がり、それを吸い込んで咳をした。乾いて干からびた唇、水筒の水も飲みほし喉はからからだった。

遠くでかすかに発射音が聞かれ、一秒か二秒してから小隊のひとりが倒れた。「スナイパー!」という叫び声が聞かれ、それと同時に全員、物陰に身を隠した。射撃がされた方向へ小銃を向けたが、敵の姿は見えない。経験豊かな海兵隊兵士は知っていたが、日本軍の狙撃兵は射撃を終えた直後に移動する。それは攪乱と次の射撃のための行動だった。海兵隊の小隊は、その場で数分間、じっとしたまま様子をみたが何もおこらない。銃弾に倒れた兵士は、腹部を負傷して呻いていた。

小隊長は、衛生兵に手当てされる負傷兵を見ながら思案していた。動きのとれない負傷者は、隊の行動を大きく制約する。もちろん、この場所にそのままにしておくわけにはいかない。彼の小隊は一二名。負傷兵を適当な板に乗せて運ぶとして二人、その護衛に二人、これで五人の兵

アメリカ軍の空爆と艦砲射撃で廃墟と化したチャランカノア。遠くの高い煙突のある建物は、サトウキビを原料とする製糖工場。その工場まで簡易鉄道が敷かれていた（1944年6月）。

士が海岸近くにある海兵隊の拠点に戻ることになる。残りは、自分をいれて七人。彼の小隊は、廃墟となったチャランカノアから日本兵の残党を一掃するのが任務だった。小隊長は可能なかぎり、自分の任務をまっとうすべきと判断し、七人だけで行動を開始した。小人数となったが、他の部隊が近くで同様の任務についていることが心強かった。

日本軍の狙撃兵は、腹這いの姿勢で九七式狙撃銃の照準眼鏡を覗いていた。彼はその小隊の様子をじっと観察していた。彼がいたのは、小隊から約一〇〇メートル離れた煉瓦の建物の高い場所だった。二・五倍の照準眼鏡のなかで、アメリカ兵が負傷兵を運ぶ集団とほかの集団に分かれたのを見て、狙撃兵はほくそ笑んだ。どちらを狩りの獲物として選ぶべきか明らかだった。狙撃兵は、負傷兵を運ぶ集団の退路を予想し、もっとも有利な射撃位置となる遮蔽物の壁をめざし獣のようにしなやかに駆けだした。彼の気持ちは興奮に高ぶっていた。自分が死ぬまでに、ひとりでも多くのアメリカ兵を倒すこと、そのための策略・携行弾の残数、そうしたことがらが彼の心のなかを占めていた。

山砲をLST（戦車揚陸艦）から引き出した海兵隊の山砲連隊は、すぐに海岸の掩体壕に砲を設置する作業にとりかかった。そこは、数時間前まで日本軍が陣取って海兵隊の上陸部隊に対し激しい銃撃を浴びせていた場所だった。塹壕のなかには、破壊された重機関銃、弾薬箱、無数の薬莢があり、それらに日本兵の死体や爆発で吹き飛ばされた手足が交ざっていた。小隊長は、不気味なそれらを若い兵士たちに、「どこにでもいいから捨ててこい」と命じた。

夕暮れ近く、ようやく砲の設置が完了した。海兵隊の砲兵部隊は、タッポーチョ山の南側の山麓に後退した日本軍の山砲陣地に照準して砲撃を開始した。それに対し日本軍も反撃し、日没までの短い時間に日本軍とアメリカ軍との間で激しい砲撃戦がおこなわれた。これにはアメリカ軍の艦砲射撃も加わり、砲数ではアメリカ軍が圧倒的だった。アメリカ軍上陸初日、日本軍守備隊が配備していた五七門の山砲の半分が被害を受け、射撃が可能な砲は約三〇門だけだった。

日没前、第二海兵師団・第四海兵師団は、予定されていた兵員・戦車、その他火器や装備のほとんどの揚陸を終えた。これで約十日間、島での陸上戦闘で必要な兵器・弾薬・必要物資が用意された。二つの海兵師団の指揮官は、内陸へ侵攻した部隊を海岸近くまで呼び戻した。日本軍の過去の戦い方から、夜襲が予想された。暗闇にまぎれて大規模な攻撃をしかける日本軍を迎え撃つため、海岸の拠点近くにしっかりとした防衛線を設けることが必要だった。

一七時過ぎ、タッポーチョ山の南側、谷間の射撃壕に隠されていた九六式一五センチ榴弾砲が引き出された。これは黒木少佐の指揮する独立山砲第三連隊重砲大隊で、一二門すべてが健在だった。独立山砲第三連隊重砲大隊は、南興神社近くの洞窟を司令部とする南部地区警備隊の司令官斎藤義次中将から、昼間は射撃を控えるように命じられていた。それは砲の所在を隠し、アメリカ軍の空爆や艦砲射撃を避けるための策だった。

日没がせまり、上空のアメリカ軍機がすべて帰投したことを確認すると、黒木少佐は射撃開始を命じた。目標は、西海岸のアメリカ軍の拠点だった。九六式一五センチ榴弾砲は、最大射程距離一万一九〇〇メートル、使用する九二式榴弾は着発信管で内部に充填した炸薬で弾殻を破砕し弾片を撒き散らす。この砲撃を受け、オレアイ海岸の第二海兵師団では四人の大隊長を含む数百人が死傷し、大混乱となった。やがて日が沈み、夜の帳の訪れとともに重砲大隊の射撃はやんだ。しかし日本軍の砲撃は、これで終わりではなかった。斎藤義次中将が指揮する南部地区警備隊は、大規模な夜襲の準備として各部隊を集結させつつあった。

上陸作戦初日の夜、第二三海兵連隊（第二海兵師団）の第三大隊のジョン・C・チャッピン中尉は、オレアイの海岸が見える浅い掩体壕に部下とともに身を潜めていた。この塹壕は、この日の昼ごろまで日本軍が使っていたものだった。体も心も疲れ果てていたが、敵前上陸での激戦の興奮と恐怖が抜けず、なかなか寝つけなかった。遠くに波が砕ける音を聞きながら、夜の星を見つめていると静かに死が迫っているような感覚にとらわれた。時間が経つのが、とてもゆっくりで長かった。

いつの間にか眠りに落ちていたチャッピン中尉は、部下の「交代の時間です」という声に起こされた。その兵士は、真剣な表情で言った。

「中尉。向こうの岩場に注意してください。きっとジャップが隠れています」

チャッピン中尉はその理由を問おうとしたが、やめた。もし彼に確信があるなら、彼はそれを言っただろう。

皆が疲れている。この日の強行上陸ではたくさん死んだ。海岸の海兵隊兵士の遺体は集められたが、岩礁や海中で死んだ者たちはそのままだ。それらは波間に漂い、魚や海鳥についばまれ、おそらく回収されることはないだろう。明日は自分や部下が死ぬ番かもしれない。死ぬことよりもっと恐ろしいのは、迫撃砲で手足を吹き飛ばされることだ。チャッピン中尉は、そんな自分の姿をとてもじゃないが想像できなかった。海水に浸かって気持ちのわるくなった戦闘服のまま、じめじめした砂だらけの穴ぐらで、朝までじっと身を潜めているしかない。自分たち海兵隊はいつもこんな役回りだ。沖合の輸送船で快適な夜を過ごしている陸軍の連中は、いつになったら上陸してくるんだろう。でも連中がやってきたとしても、自分たちはこの海岸よりもっと危険な密林での戦いに追い立てられることはわかっている。

アメリカ海兵隊は、侵攻作戦・島嶼攻略作戦、あるいは敵の中枢部に対する電撃作戦をおこなうことが多い。迅速で危険な任務を可能とする能力が海兵隊の存在価値とされていたし、それは根強い対抗意識をもつ陸軍との差別化でもあった。海兵隊の指揮官は犠牲をいとわず、部下たちを死線に送り込む作戦を命じるため、しばしば下級兵士たちからは憎まれた。

「水際作戦」に敗れた日本軍守備隊は、この夜、大規模な反撃をくわだてていた。斎藤義次中将は、夜襲のため各部隊にヒナシス山北側への集結を命じた。しかし夕方までの戦闘で通信網・無線連絡の一部が不通となり、南興神社近くの洞窟におかれた南部地区警備隊司令部は、各部隊の位置や残存兵力などの状況を把握できなくなっていた。そのため歩兵第一八連隊第一大隊基幹などは集合に遅れ、夜襲は総攻撃ではなく集結部隊が段階的に攻撃を開始する形になった。

夜間、独立山砲第三連隊重砲大隊が、海岸の海兵隊の拠点にふたたび砲撃を開始した。それに続き最初の夜襲が二一時頃、オレアイ海岸の第六海兵連隊（第二海兵師団）に対しておこなわれた。日本軍は戦車部隊に率いられた約二〇〇〇名の歩兵部隊だった。日本軍の接近を知った海岸の第六海兵連隊は、すぐに沖合の艦艇に照明弾の発射を要請した。島の上空に放たれた幾筋もの煌々とした光の帯が、暗闇を進む日本軍の戦車や歩兵たちを暴きだした。それは日本軍が得意とする暗闇にまぎれての夜襲ではなかった。海兵隊の掩体壕に備え付けられた三〇口径の機関銃・三七ミリ対戦車砲機銃が次々と日本軍の戦車を破壊し、日本兵たちの身体を貫いた。

アメリカ軍の上陸初日、日本軍は大規模な夜襲をおこなう。アメリカ軍に破壊された九七式中戦車（1944年6月）。

破壊された日本陸軍の主力戦車、九七式中戦車（1944年6月）。

もっとも大規模な夜襲は、翌日となった〇二時頃から〇四時四五分の間だった。日本軍は、先に山砲大隊が支援射撃をおこない、九七式中戦車を先頭に、その後に小銃と手榴弾をもつ歩兵が続いた。この攻撃は、第二海兵師団の防御線を突破したが、結果は先に失敗した夜襲と同じだった。島の上空に打ち上げられた照明弾のもと、突入した日本軍戦車や日本兵は、海兵隊の砲撃と銃撃で粉砕された。日本軍守備隊は二個大隊が全滅、唐島辰男中佐の指揮した海軍の横須賀第一陸戦隊も大部分が戦死するという大敗に終わった。

突入してくる日本軍部隊の後方には、次の攻撃のための日本軍部隊が集結中とアメリカ軍は判断、その地域へ激しい艦砲と山砲の射撃がおこなわれた。そのため、敵陣に斬り込むことなく、多くの日本兵が周囲で炸裂した榴弾の爆圧に吹き飛ばされ、鋭い弾殻に身体を切り裂かれた。このように日本軍守備隊の夜襲は、完全な失敗だった。海岸線とその後背地をアメリカ軍から奪回するどころか、戦車部隊や歩兵部隊の集中投入で大打撃を被り、兵力を大きく削がれた。この夜間の総攻撃は、サイパン島の戦いでその後も繰り返され、最後にはさらに大規模、そして悲劇的な「玉砕攻撃」という形で決行されることになる。

夜明けとともに、昨夜の激戦の惨状が海兵隊兵士の目にさらされた。海岸近くのアメリカ軍の防衛線の前には、おびただしい数の日本兵の遺体がころがっていた。それが積み重なり山のようになっているところさえあった。アメリカ兵たちは、これほどの敵の死体を目の当たりにしたことはなかった。日本軍の決死の夜襲で海兵隊もかなりの死傷者をだしていたが、日本兵の死者のほうがずっと多かった。オレアイ海岸とチャランカノア海岸には、破壊されてまだ燻る九七式中戦車とともに、約七〇〇名もの日本兵の遺体が数えられた。

サイパン島の防衛に、日本軍守備隊は、戦車を陸軍三九輛、海軍の第五特別根拠地隊一〇輛の合計四九輛を配備した。その多くが三菱重工業の開発・生産した九七式中戦車だった。これは中国大陸で使用されていた陸軍の主力戦車で、全長五・五五メートル、重量一五トン、兵装は五七ミリ戦車砲一門と七・七ミリ機関銃三挺。エンジンは、一七〇馬力のV型一二気筒ディーゼルで、最大速力時速三八キロメートルを発揮した。

日本海軍は艦艇や航空機など兵器の近代化に常に野心的だったが、陸軍では歩兵が主体となる軍団を重視、戦車や砲・機関銃・小銃など兵装全般にわたり保守的な傾向が強かった。機械化が精神論と対立するとの認識すらあった。戦車については、対戦車戦を前提に優れた攻撃力と防御力を追求することなく、あくまでも歩兵部隊の支援火力という位置づけで、機銃陣地などの敵火力の制圧を目的としていた。そのためアメリカ軍との戦車戦では、火力・防御力・走行性能で劣り、対戦車戦では苦戦をしいられた。

サイパン島攻略作戦でアメリカ軍は、一五〇輛もの中型戦車M4「シャーマン」を投入した。この戦車は、対ヨーロッパ戦線ではドイツ軍の「パンター」や重戦車の「ティーガーII」に性能で劣っていたが、太平洋の島嶼での日本軍との戦いでは、九七式中戦車に対し攻撃力・防御力でいずれも優れていた。

ヨーロッパ戦線におけるM４中型戦車「シャーマン」(1944年9月)。

M４「シャーマン」は、全長七・四七メートル、重量三二・三トン。動力は、四〇〇馬力の九気筒空冷ガソリンエンジンで最大速力時速三八・六キロメートル、兵装として主砲に七六・二ミリ砲一門、一二・七ミリ砲一門、他に機関銃を二挺備える重武装だった。

サイパン島での戦いで、日本軍守備隊は山砲や野砲が健在なときは、アメリカ軍の戦車部隊を砲撃して損害をあたえた。しかし砲が使用できなくなると、歩兵が戦車に対し決死の肉薄攻撃をおこなった。その際の兵器は、手榴弾あるいは九九式破甲爆雷だった。九九式破甲爆雷は、日本陸軍が対戦車兵器として開発したもので構造は単純だった。麻布の本体に八つに分割された火薬が詰められていて、投擲あるいは戦車に直接取り付け、安全栓を抜くと信管が作動し爆発した。九九式破甲爆雷には強力な磁石がついていて、それでアメリカ軍の戦車に取り付けた。アメリカ軍は、車体にその爆雷が密着できないよう、車体表面に多数の突起物や金網などを取り付け、爆雷防御対策を工夫していた。

上陸二日目の六月十六日、夜明け近くまで日本軍の夜襲は断続的に続けられたが、日の出後の〇五時三〇分、日本軍の山砲はオレアイ海岸の第二海兵師団へ砲撃を開始した。このため第二海兵師団は海岸線へ一時撤退した。アメリカ軍はこれまでどおり、夜明けとともに島の上空に艦載機を飛ばし、着弾観測の態勢が整ってから、戦艦と巡洋艦の砲撃支援艦隊が艦砲射撃を始めた。射撃照準は、島南部の山岳地帯におかれた日本軍守備隊の山砲陣地や塹壕陣地だった。日本軍の山砲は、その発射煙から上空のアメリカ軍機が位置を特定し無線連絡され、艦砲が集中的に撃ち込まれた。歩兵部隊の集結地や機銃塹壕は、上空から発見できないよう巧妙に隠されていた。

チャランカノア海岸ではＬＳＴ（戦車揚陸艦）四〇隻が砂浜に乗り上げ、戦車と弾薬、糧秣などの物資を次々と陸揚げした。海岸には昨日のような激戦はもうない。すでに海岸陣地は海兵隊が確保し、ときおり日本軍の山砲が海岸に撃ち込まれたが、その回数は昨日にくらべずっと少なかった。日本軍守備隊の大砲は大きく数を減らし、また弾薬にも限りがあった。

昨日の「水際作戦」と夜襲で兵力の集中投入をした日本軍は、海軍の船舶工兵、歩兵第一一八連隊の一部、独立工兵第七連隊などで多くの戦死者をだした。アメリカ軍の上陸作戦初日で、大幅に兵力を削がれていた。日本軍守備隊の主力は、ヒナシス丘陵からその北約一キロメートルに

37ミリ砲で日本軍陣地を攻撃する海兵隊。この砲の前盾（シールド）には、日本軍の機銃弾によるたくさんの貫通孔があいている（1944年6月）。

ある一五一高地（Hill 500）、そこからさらに北にある二三〇高地に続く稜線まで後退していた。

ちなみに、とくに名称の定められていない山や高地は、その標高であらわす。日本軍は標高一五一メートルの高地を一五一高地というが、アメリカ軍はフィート（約〇・三メートル）を用いるので一五一高地をヒル五〇〇と呼んでいた。

上陸二日目のこの日、アメリカ軍の進撃は遅かった。昨日、血みどろの激戦で海岸線とその後背地を確保した海兵隊は、次々と上陸してくる海兵隊兵士たちと、LST（戦車揚陸艦）で揚陸される戦車や重火器・物資に対応しなくてはならなかった。まず海岸に強固な拠点をつくり、兵士と武器弾薬・物資を前線の部隊に供給できる態勢をかためる兵站が最優先だった。昼過ぎまで、そうした作業に多くの人員がさかれた。

午後、チャランカノア海岸の第四海兵師団は、ヒナシス丘陵に向かい進撃を開始した。海兵隊は戦車を先頭に歩兵部隊がそれに続いた。戦い方は、昨日と同様だった。ヒナシス丘陵で日本軍の機銃陣地や迫撃砲に手こずると、部隊は後退した。それから数分後、日本軍の陣地には戦艦の発射した榴弾が撃ち込まれた。その大口径の砲弾が放物線を描いて飛んでくるのは、日本兵たちの目に焼きついた。落下した砲弾は土煙をあげ地面にめり込み、コンマ何秒かの遅延で作動する着発信管が弾頭で点火、炸薬の爆発で弾殻が数百の鋭い破片となり、強烈な爆圧とともに日本兵たちを粉砕した。

艦砲射撃の終了を無線で確認すると、海兵隊の指揮官は歩兵部隊を前進させた。砲撃の嵐のなか、生き残った少数の日本兵を銃撃戦で倒し、海兵隊はその支配地域を少しずつ広げながら高地をめざした。こうした戦闘を繰り返し、夕方までに第四海兵師団はヒナシスの稜線の一部を確保した。この日も兵力をすり減らした日本軍守備隊は、北方のタッポーチョ山の南麓に撤退するほかなかった。

太陽が西の海に沈むころ、数隻のＬＳＴ（戦車揚陸艦）が約四七〇〇名の陸軍兵士を乗せて、チャランカノア海岸に着いた。これはラルフ・Ｅ・スミス少将に率いられる第二七歩兵師団だった。第二七歩兵師団は第一〇五・第一〇六・第一六五の三つの歩兵連隊、一つの師団山砲連隊か

島の西海岸を海兵隊が確保したので、続々と上陸するアメリカ兵たち（1944年6月）。

らなる。この陸軍師団は、第二海兵師団と第四海兵師団ほどの戦歴はなかったが、ギルバート諸島のマキン環礁・マーシャル諸島のエニウェトク環礁で実戦経験があった。

ＬＳＴの前部扉が左右に開かれると、兵器を携え背嚢を背負った陸軍兵士たちが続々と砂浜に降り立った。海岸で物資の揚陸と搬出作業をする海兵隊兵士たちからの歓迎の声はなかった。陸軍兵士には、無言で冷たい視線が向けられただけだった。海兵隊にしてみれば、「今ごろ、のこのこやって来やがって」という思いだった。昨日早朝からの決死の強行上陸、そして一日中続いた熾烈な戦闘、日本軍の血みどろの夜襲。すでに数百人の海兵隊兵士が戦死し、海岸に設けられた治療所には負傷者があふれていた。

第二七歩兵師団は、海岸の幹線道路を渡りチャランカノア南の平地に野営して、翌日の戦闘に備えた。

上陸三日目の六月十七日早朝、第二七歩兵師団の陸

軍兵士たちは朝食を済ませ、行動開始のために集合した。彼らの島での最初の任務は、サイパン島最大の航空基地であるアスリート飛行場の占領だった。それは日本海軍が建設した飛行場で第一航空艦隊（基地航空隊）の拠点のひとつだったが、日本軍の航空兵力は上陸作戦前のアメリカ軍艦載機の空爆ですでに壊滅していた。

上陸作戦でアメリカ軍はアスリート飛行場を確保、ここに自軍の航空兵力を展開し、島で戦う海兵隊と陸軍部隊を支援する。しかし飛行場確保の最終目的は、新型の長距離戦略爆撃機B－29「スーパーフォートレス」の配備である。それは、この戦争全体の勝敗を決する重大な意味をもつ。東京をはじめ日本国内の各都市を空襲し、日本を敗戦へと追い込むのだ。

アスリート飛行場攻略は、陸軍だけでなく海兵隊との共同作戦となった。第二七歩兵師団の第一六五歩兵連隊は、第二四海兵連隊（第四海兵師団）、第二五海兵連隊（第四海兵師団）とともに前線を形成し、島の南部にあるアスリート飛行場に進撃する。これら三つの連隊はアスリート飛行場に向け、行軍を開始した。

アスリート飛行場は、チャランカノアから直線で約四キロメートルの距離にある。そこに至る地形は、ほとんどが平野で厄介な密林や山岳地帯はない。しかし広大なサトウキビ畑が広がり、背丈ほどのサトウキビが生い茂り、兵士たちの視界を奪った。やはりここにも日本軍の狙撃兵が潜んでいた。彼らは高台や太い樹木の幹の陰などにいて、アメリカ軍部隊を観察し、適切な射撃位置に移動、ひとりずつ、しかし確実にアメリカ兵を倒した。海兵隊と陸軍の兵士たちは先導するM4中型戦車「シャーマン」の陰に隠れて進んだが、それでも犠牲者はでた。

数百人の兵士を率いる連隊長や大隊長にとっては、日本軍の狙撃兵はたいした問題ではなかった。連隊や大隊という大兵力にとって、若干名の戦死は大勢に影響はなかった。しかし小隊を率いる少尉や中尉クラスの士官は、少数の犠牲など問題にせず進軍を命じる高級将校に、不満をつのらせた。現場の指揮官たちは、火炎放射器のユニットを背負った兵士を動員し、サトウキビ畑を焼き払おうとしたが、この広大な面積のサトウキビ畑をすべて灰にすることはとうてい無理だった。炎に焼かれ燻り続ける畑は、白い煙に覆われ、かえって視界が奪われた。この様子に連隊の指揮官は、「たいした距離じゃないから、一気にサトウキビ畑を駆け抜けろ」と各小隊に命じた。小隊長たちはその命令に従ったが、サトウキビ畑では何人ものアメリカ兵が狙撃兵の餌食になった。

その日遅く、第一六五歩兵連隊（第二七歩兵師団）は、ようやくアスリート飛行場の北端に到達した。数名の斥候を先行させていたが、彼らの報告では飛行場周辺と飛行場に日本軍はいないそうだ。連隊長のジェラルド・W・ケリー大佐は驚いた。アメリカがこの島に大兵力を送り込んだ第一の目的は、飛行場の奪取だった。ここに新型の長距離戦略爆撃機を配備し、東京を空襲する。そんなこともわからないほど日本軍は愚かなのか。それともアメリカが長距離を飛べる爆撃機を完成させたことすら、連中は知らないのだろうか。

日没が迫っていた。昼間は比較的おとなしくしていた日本軍だが、また夜襲があるかもしれない。ケリー大佐は、飛行場西側で野営することにした。そして野営地の周囲に機銃陣地をつくり、警戒を厳重にするように命じた。

上陸作戦開始の翌日、第二五海兵連隊（第四海兵師団）の第三海兵大隊を指揮するジャスティス・M・チャンバース中佐は、ヒナシス山東側の丘陵地帯に部隊を進めていた。この丘のどこかに日本軍の山砲陣地がある。たびたび海岸の海兵隊の拠点へ砲弾を撃ち込む山砲を潰すのが、彼の大隊の任務だった。もう日本軍の劣勢は変わらないし、島をアメリカ軍の艦船が取り囲んでいる状況では、島の日本軍は兵員や弾薬の補給を受けるのは不可能だ。この島での戦いの勝敗は決まったも同然だ。もっとも危険な敵前強行上陸を乗り越えたことで、自分と部下たちには兵士としての自信が強まったと、チャンバース中佐は感じていた。しかし油断は禁物だ。彼は自分自身を戒めた。

大隊のすすむ進路上に、地面が吹き飛ばされてできた大きなクレーターがあった。おそらく戦艦の大口径砲の炸裂した跡だろうとチャンバース中佐は思った。斥候として部隊より先行させていた海兵隊兵士三人が、盛り上がった土の陰に隠れ向こう側をうかがっていた。そのなかのひとりが戻って来て、彼に報告した。

「中佐。日本軍の大砲の陣地があります」

「砲の種類は？」

砲撃支援をする戦艦からサイパン島に撃ちこまれた16インチ砲弾に腰掛けて、休憩する海兵隊兵士。この榴弾は不発だった（1944年6月）。

アメリカ軍の空襲と艦砲射撃で廃墟と化したサイパン島最大の町ガラパン（1944年7月9日）。

「高射砲か対戦車砲だと思います」

チャンバース中佐は、自分の目で状況を確かめるため、斜面を這い登りその崖になっている縁まで行った。顎が土にめり込むほど身を伏せて下を見るとすぐ近く、四〇メートルくらいの所に榴弾砲があった。その砲身は旋回して傾斜地の下の丘に照準していた。日本軍の士官が叫ぶと、発砲して砲煙が噴出した。砲の天蓋には網が被せられ、それは植物の葉で覆われていた。これでは発砲時でなくては、上空から発見することはできない。

チャンバース中佐は斜面を滑り降りながら、位置を特定して空爆を要請するか、あるいは自分の部隊でそれをたたくかを考えていた。ふと空爆でなく、自分の部隊でそれをやれたら、指揮官としての名誉があたえられるかもしれないという思いが生まれた。彼は陸軍士官学校出のエリートだったが、実戦での業績がまだなにもなかった。しかし、攻撃をしかければ部下の何人かは確実に死傷するだろう。そんなことが頭のなかをめぐった。

そのとき、手榴弾か迫撃砲弾がすぐ近くで炸裂した。爆発音とともに大きな爆圧に襲われた。強い衝撃のなか、彼のそばにいた兵士の頭部が吹き飛ばされたのが、視界の片隅に入った。空から風切り音が聞こえ、炸裂は数回続いた。チャンバース中佐と部下の周囲の地面から土砂が噴き上げられた。

チャンバース中佐の記憶はそこまでだった。気がついたとき、彼は海岸近くに設営された治療所の簡易ベッドに寝かされていた。部下が言うには、彼は爆発があったとき、空中を飛んで顔か

ガラパンの町を野砲の部品を運ぶアメリカ陸軍兵士たち。ひとりの兵士は、焼け残った木造の日本家屋を見上げている（1944年6月）。

瓦礫の山と化したガラパン市街地を進むＬＶＴ（Ａ）－１「アムタンク」(1944年6月)。

ら地面に落ちて斜面を転がったそうだ。その日本軍の榴弾砲陣地は、数名の部下の命と引きかえに、チャンバース中佐の部隊が制圧したことも聞いた。

島の西海岸ほぼ中央、ポンタムーチョ岬南の町、ガラパンへは、第六海兵連隊（第二海兵師団）が制圧に向かった。南洋興発の企業城下町ガラパンは島最大の町で、最盛期には日本人の人口約一万四〇〇〇人、「南洋の東京」と呼ばれるほどの賑わいだった。南洋庁の職員・商人や労働者・女給・軍人たちが往来した通りは、数日続いた空襲と艦砲射撃で廃墟と化していた。南洋庁サイパン支庁・警察署・病院・映画館・商店や飲食店・民家が、町を焼き尽くした火災にのみ込まれた。島南部のチャランカノアと同様、このガラパンでも日中、アメリカ軍と日本軍との間に攻防戦がおこなわれた。日本軍は狙撃兵の散発的な攻撃にとどまり、第六海兵連隊（第二海兵師団）は短時間でこの町を手中におさめた。

このときこの町に暮らしていた人びとの多くは、北部へ向かう避難民の群れとなり、島の山岳地帯を彷徨い歩いていた。そして三週間後、これらの人びとのうち何千人かは島北端の岬で悲劇的な最期を遂げることになる。

前述のとおりサイパン島をはじめとするマリアナ諸島攻略の第一の目的は、そこに日本本土を空襲する長距離戦略爆撃機B－29「スーパーフォートレス」の基地を確保することだった。アメリカ空軍は、導入したばかりのB－29の実戦運用をまず中国大陸の飛行場から発進させておこなった。サイパン島攻略作戦の上陸二日目の六月十六日、中国の成都から離陸したB－29数十機が北九州の工業地帯を爆撃した。

このB－29の実戦運用で、中国内陸部から日本本土を攻撃するには多くの問題があることがわかった。膨大な量の航空燃料と榴弾や焼夷弾・消耗部品、それらを日本よりも遠い中国の、しかも陸上輸送が必要な内陸部へ供給し続けるのは現実的でなかった。統合参謀本部（JCS）は、やはり当初の計画どおり、マリアナ諸島攻略作戦をすみやかに完了させ、そのいくつかの島をB－29の基地とし、日本本土を空襲することを再確認した。

上陸二日目の日本軍の大規模な攻撃は、前日に続きやはり夜襲だった。それは、第六海兵連隊（第二海兵師団）によってすでに制圧されたガラパンの奪回を目的とした。前日の夜襲の失敗にかかわらず、南部地区警備隊の斎藤義次中将らは、夜の総攻撃でふたたびの起死回生をねらった。

この夜襲の戦術について、南部地区警備隊司令部では意見が対立した。四四輌の九七式中戦車をもつ戦車第九連隊長の五島正大佐は、戦車を高速で走らせて戦いたかった。戦車部隊でアメリカ軍を蹂躙し、その間隙をついて歩兵部隊が突入する戦術を主張した。しかし第四三師団参謀長の鈴木卓爾大佐は、戦車を盾にその後ろに歩兵部隊が続く隊形をとるべきだと反論した。論争の末、五島正大佐がおれ、歩兵部隊の防備を優先する戦車と歩兵の同一行動となった。そのかわり戦車部隊の機動性は、大きくそこなわれることになる。

攻撃開始時刻はアメリカ軍が夜間警戒をかためる前ということで、一七時〇〇分と決められたが、日没前にはアメリカ軍航空機の哨戒とそれと連携した艦砲射撃のため部隊の移動は困難だった。結局、日本軍の集結は遅れ、攻撃は深夜になった。

この夜襲の結果も、前夜の夜襲と同じ日本軍守備隊の大敗だった。海上や上空からの支援もなく、兵員数・火器で劣勢の日本軍は活路を見いだせなかった。警戒態勢を高めた海兵隊に対しそれは奇襲とならず、暗闇での隠密行動は照明弾のなか、昼間の攻撃とあまり変わらなかった。

このときM4「シャーマン」の戦車部隊は島の内陸部へ進撃しており、海岸のアメリカ軍の拠点に戦車はいなかった。しかし七五ミリ砲塔載のハーフトラック（半装軌車）がガラパンには多数配備されていた。その防御は弱かったが、砲撃力は中戦車と同等だった。九七式中戦車は、ハーフトラックと歩兵が携行できる対戦車兵器「バズーカ」で次々と破壊された。戦車第九連隊は、四四輌の戦車のうち三〇輌以上を喪失、連隊長の五島正大佐も戦死した。歩兵第一八連隊・歩兵第一三六連隊・独立歩兵第三一五大隊なども、全滅に近い戦死者をだした。この夜の日本軍守備隊の戦死者は、七〇〇名以上と推測された。

アメリカは歩兵が携行可能な有効な対戦車兵器として、ロケット弾発射器（Rocket Propelled Anti-Tank Weapon）を開発した。これには、「バズーカ」（Bazooka）という通称が広く用いられている。「バズーカ」はロケット弾の発射筒で薬室をもたないので、いわゆる砲ではない。太平洋戦線の海兵隊は、口径六〇ミリのM1「バズーカ」の改良型を使用していた。

一基の「バズーカ」は、射手と装塡手の二人で運用される。射手が肩に担いだ「バズーカ」の後部から、装塡手がロケット弾を装塡し、バズーカ本体の電線をロケット弾に接続する。そし

M１A１「バズーカ」(Bazooka）は、アメリカが開発した携帯式対戦車ロケット弾発射器。小型で歩兵が携行でき、戦車を破壊する威力があった（1944年6月）。

サイパン島の戦いで、山麓の日本軍陣地をロケットランチャーで攻撃するハーフトラック（半装軌車）（1944年6月）。

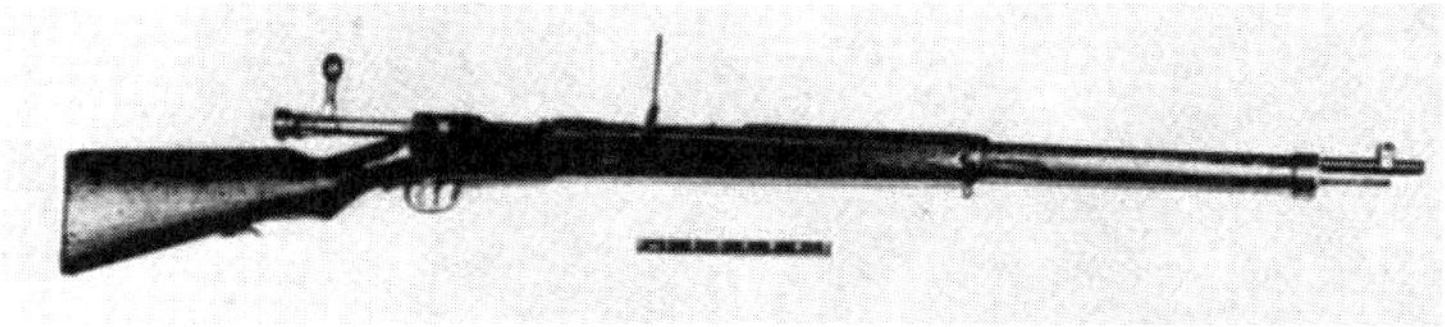

ボルトアクション方式で、6.5ミリの小口径、銃身長797ミリ、装弾数は5発の三八式歩兵銃。写真はボルト（遊底）を引き出している。

て射手が引き金を引けばロケット弾に点火、発射される。発射前に装塡手は、発射時の火焔や爆風を避けられる位置に移動しなくてはならない。また射手はロケット弾を推進する火焔を顔面に浴びないよう、最初はマスクなどを着用したが、改良型のM1では筒の先端にラッパ状に広がったディフレクター（消炎器）が装着された。

M1A1「バズーカ」は、全長一三七センチメートル、重量五・九キログラム、口径六〇ミリ、射撃は電気発火式。射程距離は約一三〇メートルだが、二〇メートル以内の近距離でないと命中精度はかなり低かった。

日本兵の携行する小銃は、兵士たちから「サンパチ銃」と呼ばれた三八式歩兵銃だった。この銃は、ボルト（遊底）を手動で操作して弾薬の装塡、薬莢の排出をおこなうボルトアクション方式で、六・五ミリの小口径、銃身長七九七ミリで装弾数は五発である。明治三十八年（一九〇五年）に陸軍で仮採用、翌年に制式採用された。シベリア出兵から太平洋戦争の終わりまで、陸軍と海軍陸戦隊の代表的な小銃である。三八式歩兵銃は、制式採用から三〇年以上も経過した古い設計だが、命中精度と耐久性に優れ、現場部隊での評価は高く名銃といわれた。

特徴として、部品点数が少なく構造は単純化されており故障が少ない。生産は、銃職人の手で現物合わせ的な加工で精密に調整している。発射時の反動の小さい小口径、長銃身ということもあり、後継銃である口径七・七ミリの九九式短小銃よりも高い命中精度を実現している。一挺ごとに銃職人の加工がされているため、各部品の厳密な規格化はなく、そのため部品の互換性は低かった。このことは、銃の補修修理を現地部隊でおこなう際に不都合が生じた。

銃身は国産のタングステン合金で、銃身内部はクロムメッキが施されてライフリング（施条）の耐久性は高かった。

三八式歩兵銃は、同時代の歩兵銃ではもっとも命中率が高いと評価されたが、そのなかで特に命中精度の高い個体を選別、狙撃銃として改良したのが九七式狙撃銃である。九七式狙撃銃は、着脱式の二・五倍の照準眼鏡と単脚を備え、腹這いの姿勢で操作しやすいようにボルト（遊底）ハンドルを下方に湾曲させている。九七式狙撃銃は一九三九年に陸軍に制式採用された。優れた射手であれば、この銃で距離一〇〇ヤード（九一メートル）で、直径一インチ（二・五四センチ）の標的に命中させることができた。

日本軍は太平洋の島々の戦いで、密林や山岳地帯で狙撃兵を多用した。ときには、本隊の撤退時に追撃するアメリカ軍の足止めとして、「捨て駒」的な役割をあたえた。ガダルカナル島で日本軍の狙撃兵はアメリカ軍の前進を阻み、二万人以上の日本軍将兵の撤退のための時間をかせい

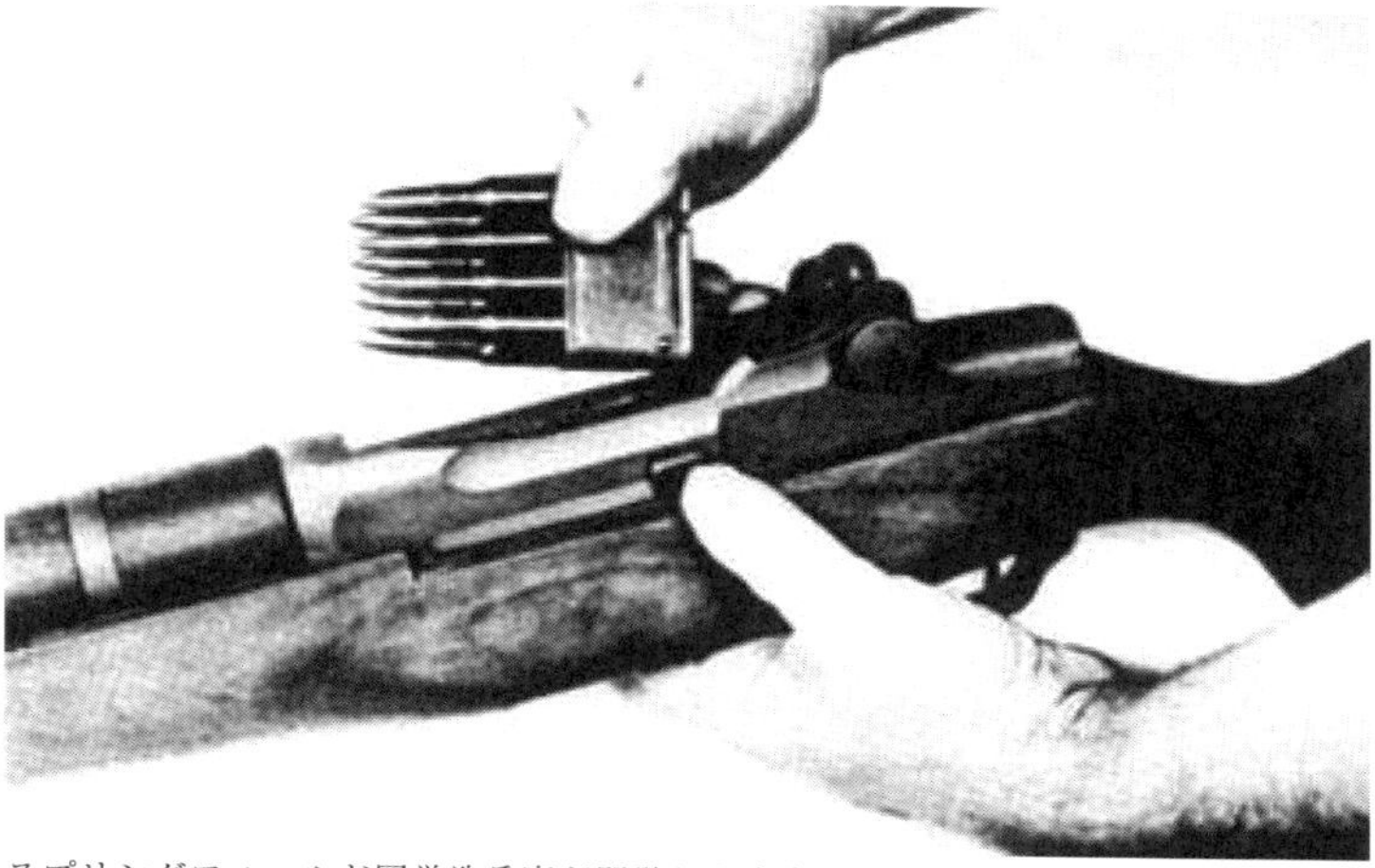

スプリングフィールド国営造兵廠が開発した半自動小銃、M1ガーランド。口径7.62ミリ、銃身長610ミリ。弾丸8発を詰めた挿弾子（クリップ）を銃の上面から押し込む。

だ。

第二次世界大戦時、太平洋戦線でもヨーロッパ戦線でも歩兵のもつ小銃は、装弾数五発から一〇発のボルトアクション方式が一般的だった。射手は、ボルトハンドルをスライドさせることで装弾と排莢を手動でおこなうため、次弾の射撃まで時間がかかる。歩兵の近距離白兵戦では銃の速射性が重要とされ、機関銃のように自動化された小銃の開発が試行された。しかし小銃にそうした機構を組み込むと大型化し、また部品にも高い精度が要求されるため、自動装塡式の小銃はなかなか実用化に至らなかった。

しかしアメリカ軍は、半自動装塡式の小銃M1ガーランドを実戦配備した。M1ガーランドは、アメリカのスプリングフィールド国営造兵廠が開発した半自動小銃で、一九三六年に採用された。自動小銃と半自動小銃は、次のような相違がある。すなわち、自動（オートマチック）小銃は機関銃のように引き金を引きっぱなしにすると弾倉が空になるまで射撃が連続するが、半自動（セミオートマチック）小銃では装弾と排莢は自動的になされるが、一発ごとに引き金を引かなくてはならない。M1ガーランドは、口径七・六二ミリ、銃身長六一〇ミリ、装弾数八発、発射時に発生する薬室のガスの圧力を利用して弾薬の装塡、薬莢の排出を自動的におこなう。

装弾はエンブロック・クリップ方式で、弾丸八発を詰めた挿弾子（クリップ）を銃の上面から押し込む。全弾を発射するとクリップも排出される。次に挿弾子を速やかに装塡することが可能で、そのため速射性は高い

アメリカ軍は、ソロモン諸島ガダルカナル島以降、ボルトアクション方式のスプリングフィールドM1903からM1ガーランドに転換した。これによって短距離での銃撃戦で、アメリカ軍の歩兵火力は強力になった。ただし遠距離からの射撃では、日本軍の三八式歩兵銃が優れていた。半自動小銃のM1ガーランドは、ボルトアクション方式の銃と比べて、弾丸を大量に消費することになった。弾丸の生産はもちろん、それを前線へ滞りなく補給できる兵站が不可欠で、アメリカ軍は多くの戦場でそれが可能だった。第二次世界大戦時、連合国側で半自動小銃を歩兵部隊に全面的に導入していたのはアメリカ軍だけだったが、他の国の軍隊では弾薬補給の観点からも、半自動小銃の配備は無理だったと思われる。

二夜続けられた夜襲の敗北で日本軍守備隊の戦車隊はほぼ全滅、歩兵数も大幅に減少し、アメリカ軍との戦力格差はさらに大きく開いた。日本軍守備隊は山間部を北方へ後退、戦力の立て直しをはかるが、補給のない状況でその限界は明らかだった。

六月十七日、早朝の〇六時三〇分から沖合のアメリカ軍艦艇は、ふたたび艦砲射撃を開始した。射撃目標は海兵隊と陸軍の第二七歩兵師団が確保した地域の内陸側で、それらが進撃する山麓だった。また近海に展開している護衛空母からも多数の艦載機が、爆撃と銃撃、攻撃目標の特定と着弾観測のため島の上空に飛来した。

この日も、劣勢の日本軍はアメリカ軍の前進を阻むため反撃を続けた。チャランカノアの北では、第二海兵師団を相手に歩兵第一三六連隊とその他の部隊の残存兵力が、ススペ湖周辺の沼沢地で文字どおり泥沼の戦闘がおこなわれた。すべてにおいて優勢なアメリカ軍は、六月十七日の夕方までにガラパン南一キロメートル、白崖の南の二三〇高地南麓、一五一高地西側、ヒナシスを結ぶ線に進出した。

アメリカ軍の作戦図では、第二海兵師団が左翼(西側)、第二七歩兵師団が中央、そして第四海兵師団が東海岸に沿う右翼(東側)に並ぶ前線で北上し、日本軍を島の北端まで追いつめる戦略だった。陸軍の第二七歩兵師団は、前線の中央部を担当するが、ここは山岳地帯に洞窟や渓谷が多く、日本軍守備隊にとって有利な地形だった。慎重に部隊を進める陸軍の用兵もあり、第二七歩兵師団はしばしば両翼の海兵隊の侵攻に遅れをとった。

アスリート飛行場の駐機場に放置されたままの海軍機。稼働する零式艦上戦闘機も残されていて、アメリカ軍は調査のため本国に持ち帰った（1944年6月）。

十六日の夕方、ジェラルド・W・ケリー大佐の率いる第一六五歩兵連隊（第二七歩兵師団）は、アスリート飛行場の北端に到達していた。その夜は付近に野営し、ケリー大佐は翌朝、飛行場の確保のため部隊を進めた。前日の偵察報告どおり、日本軍は飛行場をすでに放棄していた。アメリカ軍のサイパン島攻略作戦の最大目的は、飛行場の奪取だった。この島から新型の長距離戦略爆撃機を大規模に運用することが、太平洋戦線の勝敗を決める。ケリー大佐は、島の日本軍指揮官を愚かだと考えたが、南部地区警備隊の司令部では、すでに戦力を失った飛行場よりも他の戦場が重要だった。

アスリート飛行場の敷地内に足を踏み入れた第一六五歩兵連隊の海兵隊兵士たちは、慎重に飛行場の施設の様子をうかがった。どこにも人の姿はなかった。日本軍は飛行場からの撤退時に施設を爆破したが、それは非常に不徹底だった。駐機場わきの巨大な格納庫は半壊していたが、航空機整備建物、酸素工場、発電所、ガソリン貯蔵所など多くが無傷で残されていた。広大なコンクリートがしかれた滑走路も、アメリカ軍の空爆や艦砲射撃での破壊はまぬがれていた。驚いたことに、一〇機の零式艦上戦闘機を含む二〇以上の機体が、滑走路わきの駐機場に置かれていた。どれも若干の整備で離陸できる状態だった。それらの機体は搭乗員がいないために、この島での戦いに使用されなかったのだろうとケリー大佐は考えた。過去の日本軍の戦い方からすれば、もし搭乗員がいたなら、たとえ弾薬がなくとも機体を離陸させ、アメリカ軍に対し自爆攻撃をしたにちがいない。

六月十七日の最大の戦闘は、ヒナシス山（Hill 500）をめぐる攻防だった。チャランカノアの南側の第四海兵師団・第二七歩兵師団は、ヒナシスの南西の地域を制圧しつつあった。ヒナシス山麓では、小金澤福次郎大佐の指揮する独立工兵第七連隊が、アメリカ軍戦車に対し決死の攻撃をしていた。野砲や山砲をすでに失った同連隊の砲兵は、九九式破甲爆雷を抱えてＭ４中型戦車「シャーマン」に突入した。九九式破甲爆雷は、磁石で戦車の車体に吸着させ安全栓を引き抜くと数秒後に爆発する。破甲爆雷を戦車に取り付けようと接近する多くの日本兵は、戦車の機関銃と戦車に随伴するアメリカ兵の銃弾に倒れた。

日本軍の抵抗にもかかわらず、夕方までにヒナシス山周辺の地域は第二七歩兵師団に制圧された。しかしヒナシス山山頂の日本軍陣地は、アメリカ軍の砲撃に耐えていた。この日、残存していた日本軍の山砲・野砲の多くは破壊、あるいは弾薬が底をついた。アメリカ軍が島に上陸して三日目、日本軍は大砲による火力をほぼ喪失していた。

東京の大本営は、サイパン島守備隊からの無線通信でその困難な状況を知り、参謀たちは不安にかられた。マリアナ諸島近海の制海権と制空権を奪い返すため、すでに日本海軍は「あ号作戦」を発動し、連合艦隊は行動を開始していた。

六月十七日の午後、トラック島、ヤップ島の海軍の航空隊は、ふたたびマリアナ諸島支援の小規模な攻撃をおこなった。艦上攻撃機「天山」五機を含む編隊は、グアム島沖で輸送船に魚雷一本を命中させ、サイパン島沖でチャランカノア海岸沖のＬＳＴ（戦車揚陸艦）に損傷をあたえた。さらにサイパン島周辺海域の護衛空母一隻に直撃弾を命中させるという戦果をあげた。

日本海軍の動向を探っていたアメリカ海軍情報部は、フィリピン海域で日本の空母が集結しているのを知った。連合艦隊は、マリアナ諸島の防衛に動き始めたのに違いない。マーク・Ａ・ミッチャー中将が率いる高速空母艦隊（第五八任務部隊　Task Force 58）が、日本海軍の空母機動部隊の迎撃に向かった。それと同時に、第五艦隊（Fifth Fleet）の司令官レイモンド・Ａ・スプールアンス大将は、サイパン島などマリアナ諸島で上陸作戦を支援する艦船に対し、安全な海域への移動を命じた。

上陸から四日目となる六月十八日の夜明け。島の西海岸が見渡せる高台で歩哨についていた海兵隊兵士は、沖合に停泊しているはずの多数の艦船がすべて消えたことに驚いた。われわれに対する弾薬や食糧の供給はどうなるのか。海軍の支援射撃はもうないのか。すでに劣勢となった島の日本軍との戦いは、われわれだけでやれということなのか。船団が消えたことに対し、不満や怒りをあらわにする兵士もいた。彼ら海兵隊には、いつももっとも危険な任務があたえられる。

それが海兵隊の誇りのはずだが、連日戦死者がでる状況に兵士たちの不満が鬱積していた。海軍の連中は安全な軍艦の上で気楽なものだし、もともとは州兵の陸軍歩兵部隊は「田舎の兵隊」で慎重すぎて頼りにならない。

上官は兵士たちに、日本艦隊が島に接近中で海軍がそれに対応する行動をとったこと、輸送船団の撤退は一時的な措置であることを伝え、部下を安堵させた。

彼らは知らなかったが、前夜、輸送船は可能な限りの物資を海岸に陸揚げしていた。それは三万三〇〇〇トンもあり、一週間分の弾薬・食糧として充分な量だった。

六月十八日のアメリカ軍の目標は、「O－3ライン」だった。それは、オレアイ海岸からヒナシス山北部の山岳地帯を横断しマジシネ湾岸まで伸びている。「O－3ライン」に海兵隊と陸軍の各連隊が到達し、前線をつなぐことは島の日本軍守備隊を南北に分断することを意味する。〇七時三〇分、第八海兵連隊（第二海兵師団）と第二三海兵連隊（第四海兵師団）は、「O－3ライン」に向け進撃を開始した。

しかし第二三海兵連隊（第四海兵師団）は、昨日からススペ湖の湿地で、小川雪松大佐の指揮する歩兵第一三六連隊に苦戦していた。歩兵第一三六連隊は迫撃砲と機関銃で、海兵隊を攻めたてた。草木の茂る湿原と湖からなる地域で、小規模な戦闘が分散し、敵味方がせめぎ合う前線は不明瞭だった。海兵隊は日本軍の遊撃戦に対処しきれず、その本隊の位置の特定も困難だった。そのため山砲での砲撃や艦砲射撃の要請もできない。沼沢地帯での戦闘は、歩兵部隊同士の銃撃

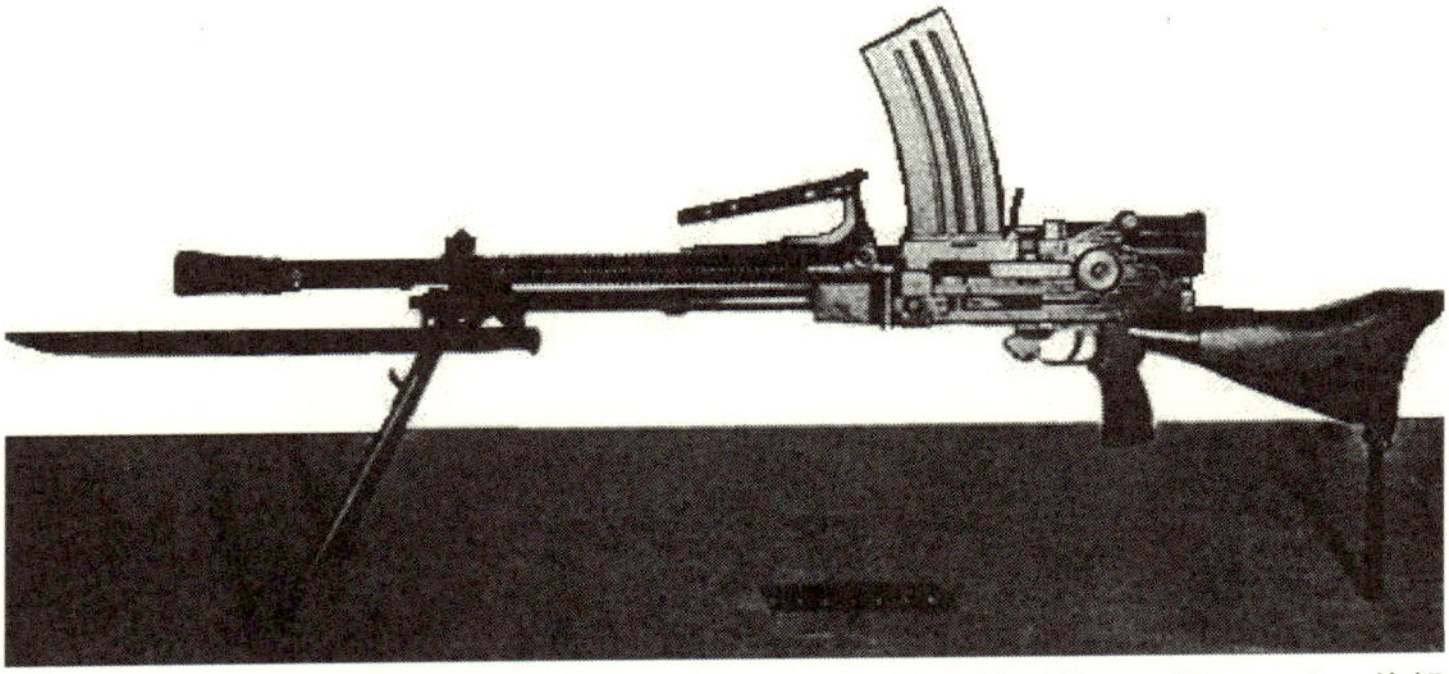

世界最優秀の九六式軽機関銃をさらに改良した九九式軽機関銃。口径7.7ミリ、前部と後部（銃床）に折りたたみ式脚が付いていた。

戦となった。しかし兵力では、やはり海兵隊が圧倒していた。日本軍の狙撃兵は何人もの海兵隊兵士を倒したが、歩兵第一三六連隊はほぼ壊滅していた。

第八海兵連隊（第二海兵師団）も、ヒナシス山の西の山間部で日本軍の機銃陣地に手を焼いていた。戦場がしだいに山岳地帯に移動するにつれ、渓谷の入り込む地形の複雑さから、山砲の射界が制限され、艦砲射撃の照準精度も低下した。強力な火力支援が期待できず、海兵隊は犠牲を覚悟で山岳戦を戦うしなかった。

日本陸軍の歩兵の小銃は、手動で弾薬の装塡、薬莢の排出をおこなうボルトアクション方式の三八式歩兵銃である。この銃の精度は高いが、速射性が低いため一小隊に一挺の軽機関銃が標準配備されていた。九九式軽機関銃は、世界最優秀といわれた口径六・五ミリの九六式軽機関銃をもとに開発され、皇紀二五九九年（一九三九年）に採用されたことから、九九式軽機関銃という名称をもつ。口径は七・七ミリに拡大され、車輛などに対す

海軍陸戦部隊の三式迫撃砲。これは陸軍の九七式曲射歩兵砲に若干の改良を施したもの。

る威力を高めている。装弾数は三〇発、全長一一九〇ミリ、銃身長四八三ミリ、重量一一キログラムで、有効射程距離は約二〇〇〇メートルだった。特長は、高い命中精度と耐久性で、銃身内にクロムメッキが施されている。九六式照準眼鏡具、前部と後部（銃床）に折りたたみ式脚が付属していた。

日本陸軍の歩兵部隊は、数人の兵士で分割して運べる小型の迫撃砲として九七式曲射歩兵砲をもっていた。これは口径八一・三ミリ、砲身長一二六・九センチメートル、重量六七キログラム、発射速度は毎分約二〇発、最大射程距離二八五〇メートルである。弾丸を放物線軌道で発射する曲射砲なので、命中精度は高くなかった。

アメリカ軍が山間部を北上するにしたがい、前線も北上、一五一高地西の洞窟におかれた南部地区警備隊司令部も移動した。斎藤義次中将らは、タッポーチョ山の西の渓谷に後退した。

上陸日の「水際作戦」とその後二夜続いた夜襲の失敗で、日本軍守備隊のいくつかの部隊は壊滅し、部隊の編制替え指揮官の任命などを南部地区警備隊司令部はおこなった。しかし通信線の断絶などで正確な情報を欠き、伝令による命令伝達も徹底せず、日本軍守備隊はしだいに組織的戦闘能力を失いつつあった。また高級将校と形式的な司令部（指揮所）が多すぎたことが、日本軍の指揮をさらに混乱させた。実際には、陸軍と海軍、各部隊・中隊・小隊・分隊までもが個別に判断して行動し始めていた。

アメリカ軍上陸の四日目の六月十八日の夕刻、日本軍守備隊の兵器は、野砲一二門・高射砲六門・機関砲五門・戦車十数輌だけとなり、司令部の将校たちは「玉砕」という戦いの結末を予感した。

この日、サイパン島攻略作戦が、ほぼ計画どおりに進んでいることに満足した統合遠征軍（Expeditionary Troops）総司令官リッチモンド・K・ターナー中将は、新たな決断をした。それは、海兵隊の予備旅団（第四海兵連隊、第二二海兵連隊）と第二海兵師団の一部を投入するグアム島の上陸作戦開始だった。ワシントンの統合参謀本部（ＪＣＳ）は、日本本土への空襲のための長距離戦略爆撃機の基地として、サイパン島、テニアン島、そしてグアム島を予定していた。

第四章　みすてられた島

大本営のサイパン島放棄

劣勢にたつ戦局で日本は、戦争継続と本土防衛のために絶対確保すべき領土、海域を絶対国防圏として定めた。この絶対国防圏の死守が至上命題だった。それは千島列島、小笠原諸島、マリアナ諸島、カロリン諸島、西部ニューギニア、スンダ、ビルマを含む広大な圏域であるが、悪天候の北太平洋は除外するとして、アメリカ軍の次の目標が中部太平洋のどこであるかが不明だった。日本海軍は決戦海域としてミクロネシアのパラオを想定し「渾作戦」を発動したが、アメリカ軍のマリアナ諸島侵攻が確実になったため、急遽「あ号作戦」にきりかえた。

六月十九日のもっとも重要な出来事、それはサイパン島のアメリカ兵や日本兵の視線が届かない遥か彼方の太平洋で起こっていた。一九四四年六月十九日に始まるマリアナ沖海戦では、日米の空母機動部隊同士の決戦となった。この「あ号作戦」は、中部太平洋に展開する第一航空艦隊（基地航空隊）が六九六機を保有し、航空戦力が健在だった時期に立案された。しかしその後、状況は大きく変化した。急降下爆撃機「銀河」、「彗星」、日本軍機最速の偵察機「彩雲」などをもつ精鋭航空部隊は、サイパン島上陸前のアメリカ軍の攻撃でほぼ壊滅していた。空母機動部隊と基地航空隊の共同作戦としての「あ号作戦」は、実施のとき、その前提がすで崩れていたのだ。

一九四四年三月末、連合艦隊司令部参謀が乗った飛行艇が、フィリピンのセブ島に不時着した。これは海軍乙事件というが、このとき「あ号作戦」に関連する作戦計画書が、ゲリラの手からアメリカ軍に渡った。この文書の情報をアメリカ軍がどの程度活用し、マリアナ沖海戦にいかに影響したかには異説がある。

小澤治三郎中将の制式空母三隻・特設空母六隻を中核とする第一機動部隊は、マーク・ミッチャー中将の第五八任務部隊と対峙することになった。第五八任務部隊の制式空母は一五隻、日米の戦力格差は質、量ともに大きかった。

一九四四年六月十九日、日米の両軍の雌雄を決するマリアナ沖海戦が始まった。小澤治三郎中将は、航続距離の長い日本軍機の長所を活かし、アメリカ空母機動部隊の攻撃圏外から攻撃隊を発進させるアウトレンジ戦法にかけた。しかし充分な訓練と経験を欠く多くの搭乗員で編制された攻撃隊は、アメリカ軍のレーダーで早期に発見され、戦闘機の迎撃、ＶＴ（近接）信管による対空射撃の餌食となった。アメリカ軍の艦隊防衛網を突破できた日本軍機は、少数だった。ミ

マリアナ沖海戦。護衛空母の上空で炎に包まれる日本軍機（1944年6月19日）。

ッチャー中将の第五八任務部隊の損害は、空母二隻、戦艦二隻、そして重巡洋艦二隻がいずれも小破、艦載機の損失は着艦事故などを含め一二三機だった。それに対し日本側は、アメリカ軍潜水艦と艦載機の攻撃を受け、就役したばかりの新鋭空母「大鳳」の他、「翔鶴」、「飛鷹」が沈没し、三七八機もの航空機を喪失した。それでも小澤中将は夜戦での艦隊決戦を画策したが、連合艦隊司令部から作戦中止が命じられた。失意の小澤中将は、残存艦隊を率いて六月二十二日沖縄の中城湾に帰投した。

このマリアナ沖海戦の大敗で、サイパン島の支援は事実上、不可能になった。まもなく日本は、絶対国防圏の崩壊、そして本土への大規模な空襲が現実となる状況に追い込まれていく。

マリアナ諸島の西方の海域で、日米の空母機動部隊の決戦が始まろうとしていたころ、サイパン島ではタッポーチョ山麓の戦闘が激しさを増していた。後退する日本軍は山岳地帯にとどまり、高地からの防御という地形の優位性を活かして海兵隊の前進を阻んでいた。しかし海兵隊は、戦車や山砲の射界のきく丘陵地帯から、日本軍の陣地を砲撃した。また渓谷の入り口から火炎放射器を装備した戦車が侵入し、ガソリンをゼリー状にした濃化剤を、洞窟に噴出した。このころ、ずっと最前線で戦ってきた第二三海兵連隊（第四海兵師団）には休養があたえられ、その担当地区に第二五海兵連隊（第四海兵師団）が投入された。

日本軍守備隊は、島の防衛準備の日数が短く、また「水際作戦」でのアメリカ軍撃退に期待し、島の丘陵地帯に陣地を構築する余裕はなかった。追いつめられた日本軍は、山間部に急ごしらえの陣地の設営を急いだ。タッポーチョ山の西側稜線から二八六高地、三四三高地へ通じる稜線を守るのは、鈴木栄助大佐の指揮する歩兵連隊が主力だった。

島の西海岸中央部にある町ガラパンは、すでに第六海兵連隊（第二海兵師団）がほぼ制圧した。しかしガラパン市街東部では、日本軍の海軍陸戦隊が抵抗を続けていた。アメリカ海軍の戦艦などの砲撃支援艦隊は、島の沖合から移動していたため、海兵隊は艦砲射撃の支援を受けられなかった。しかし近海にあるアメリカ海軍の護衛空母から発進した艦載機の空爆は続けられた。それらのなかには、新兵器のロケット弾を装備した機体も多かった。

前線の右翼（東側）では、マジシネ湾付近の洞窟に立てこもる日本軍の激しい抵抗があったが、第二四海兵連隊（第四海兵師団）は「O－4ライン」に到達した。これで島の日本軍は、南北に分断されてしまった。北部には、もとは南部地区警備隊の指揮所だった第四三師団の斎藤義次中将司令部と、後退を繰り返した日本軍守備隊の本隊が、南部には敵中に孤立する部隊や壊滅した部隊の日本兵たちが残されていた。

マジシネ湾を囲む北のハグマン半島には、「水際作戦」で大打撃を受けた独立混成第四七旅団の残存兵がいた。このころ、小川雪松大佐の歩兵第一三六連隊は、ハグマン半島の付け根にあたるチャチャに集結した。チャチャの西には、わずか数輌となった九七式中戦車をもつ戦車部隊が待機していた。タッポーチョ山周辺の密林と洞窟では、第八海兵連隊（第二海兵師団）と日本軍との戦闘が続いていた。

六月二十日、アメリカ軍は山岳地帯で困難に直面した。彼らが進まなくてはいけない地形は峡谷・洞窟・崖など複雑で、日本軍の陣地は急ごしらえだったが、巧妙に隠されていた。こうした地形では、砲撃や空爆の支援も限られる。

斎藤義次中将の南部地区警備隊司令部は、島の東海岸となるマジシネ湾にアメリカ軍が上陸するとの確信を強め、ここに少なくなった部隊を布陣した。しかし東の海上に、アメリカ軍の艦船が姿をあらわすことはなかった。アメリカ軍は左翼を第二海兵師団、右翼を第四海兵師団とし、その前線は左翼を軸として回転、島の北方をめざしていた。第二七歩兵師団の多くの連隊は、この布陣から抜け、島の南部のナフタン半島に向かった。ナフタン半島では、日本軍の本隊と連絡を断たれた部隊が孤立し抵抗を続けていた。

サイパン島の南端のナフタン岬。写真左側（西側）がアメリカ軍の上陸した海岸である（1944年6月）。

アメリカ軍が上陸した海岸から近いススペ湖周辺の沼沢地帯では、敵中に取り残された日本兵が小規模な遊撃戦をおこなっていた。この孤立した部隊は六月二十日深夜、第二海兵師団の弾薬集積所に侵入し、その一部を爆破するという離れわざをやってのけた。

六月二十一日、海兵隊は、ヒナシス山（一六三高地）を制圧した。一六三高地は独立混成第四七旅団が指揮所を置いていたが、多くの兵力を失い撤退した。一六三高地から日本軍の拠点タッポーチョ山までは約三キロメートル、日本軍はさらに追いつめられた。六月二十一日夜、斎藤義次中将の第四三師団司令部（もとは南部地区警備隊司令部）はタッポーチョ山を去り、東海岸中部の町ドンニイの南西側の山中に後退した。

この数日間、島の南端のナフタン岬の日本軍の掃討をおこなっていた第一〇五歩兵連隊と一六五歩兵連隊は、その任務をほぼ完了すると、第二七歩兵師団本隊と合流した。マジシネ湾に面した島の東側では、陸軍と海兵隊が前線をつくりあげ、それを北に向けて押し上げ進撃する準備ができた。

上陸から七日目の六月二十一日、アメリカ軍は戦闘部隊の休息日とした。この日、最前線の兵士たちに前進命令はなく、それぞれの配置で警戒しつつ休養することが許された。彼らは野営地の移動というあわただしい作業に追われることなく、ゆっくりと食事をとり、兵士たちは小銃や機銃の整備をして時間を過ごした。

そして翌六月二十二日、海兵隊は、島の中央部の山岳地帯の日本軍に対する激しい攻撃を再開した。この時期、斎藤中将の日本軍守備隊の兵力は、第四三師団約九〇〇〇名、その他約六〇〇〇名の約一万五〇〇〇名と推定される。アメリカ軍上陸時の日本軍兵力が約三万一〇〇〇名だったので、すでに半分の兵士が死んでいた。歩兵部隊兵士は、銃撃戦での戦死より、銃撃戦の前の徹底した砲撃と空爆での戦死がはるかに多かった。また人的損失にくわえ、山砲や野砲などの大砲のほとんどが破壊された。

この六月二十二日、損害が比較的少なかった日本軍の歩兵第一三五連隊砲兵大隊は、すでにアメリカ軍が奪取、運用を始めた西海岸のオレアアイ着陸場と整備中のアスリート飛行場を砲撃した。この砲兵大隊を除くと、日本軍の火力は、九九式軽機関銃や九七式曲射歩兵砲に限られていた。

山岳地帯での日本軍守備隊の抵抗は、激しかった。日本軍は二三〇高地の東側の五根高地に

Ｍ４中型戦車「シャーマン」を盾に山間部を前進する海兵隊（1944年7月）。

多くの陣地を構築していたが、これらの攻略にアメリカ軍の犠牲も大きかった。五根高地をアメリカ軍はティポペイル山と呼び、それと連なる三四三高地、二八六高地の制圧に海兵隊は全力をあげた。この丘陵地帯にアメリカ軍はＭ４中型戦車「シャーマン」約一〇〇輌を投入し、海兵隊の歩兵部隊を強力に支援した。戦車の激しい砲撃で、高地につくられた日本軍の機銃陣地は吹き飛ばされた。戦車に対し九七式曲射歩兵砲での砲撃がされたが、曲射砲である迫撃砲では、移動目標の戦車に命中させることは難しく、また戦車の厚い装甲に有効ではなかった。

六月二十二日、島の南部で抵抗を続ける日本軍の残存兵に対し、投降をうながすビラが初めて飛行機からばら撒かれた。ビラには日本語で、この島の戦いで日本軍の敗北は確実なこと、投降するなら命の保障をすることが印刷されていた。数人の孤立した日本兵が、ビラに書かれているように、このビラを振りながらアメリカ軍に投降した。しかし、ほとんどの日本兵は、それはアメリカ軍の罠だと考え、戦友たちとアメリカ軍の卑劣な戦術をののしり合った。

オレアイ海岸の第二海兵師団の拠点では、前線から搬送されてくるアメリカ兵の遺体を牧師の祈りとともに埋葬していた。戦場に放置されたままの遺体もあったが、アメリカ軍は可能なかぎり遺体を回収するよう命じていた。トラックで運ばれて来た遺体は、首にぶら下げた認識票に刻まれた氏名・階級・所属部隊などが戦死名者簿に記録された。損傷がひどく認識票を喪失し、身元特定ができない遺体も珍しくなかった。遺体は、西海岸の近くの平地にブルドーザーで掘られた墓穴に無造作に放り込まれた。あたりには腐敗臭がたちこめ無数のハエが群がり、口と鼻を布で覆った兵士たちが、埋葬作業を無言で続けていた。

上陸開始から二週間で、遺体の数は四二〇を数えていた。サイパン島でのアメリカ軍兵士の遺体は、最終的には三五〇〇以上になるが、埋葬が追いつかず、海岸にそれが積み重なった。海風で海兵隊駐屯地まで遺体の腐敗臭が流れてきた。ＬＳＴ（戦車揚陸艦）で海岸に上陸する兵士たちが最初に目にしたのは、砂浜の死体袋の山だった。その衝撃的な光景は、士気にも悪い影響をあたえるだろう。そのため遺体は、海軍の艦艇で沖合に運んで水葬にすることにした。そのほうがずっと手間がかからなかったし、見た目にもきれいだった。

戦火のなか、島に暮らしていた民間人は、山中を北へ逃れていた。それは疲労と飢餓、恐怖の

オレアイ海岸の第二海兵師団の拠点で、アメリカ兵戦死者に祈りを捧げる海軍の従軍牧師（Navy Chaplain）（1944年6月）。

サイパン島の沖合の軍艦上で水葬にされるアメリカ軍兵士の亡骸。従軍牧師が聖書を読みあげている（1944年6月）。

逃避行だった。人びとは戦前戦中、アメリカ兵への恐怖を植えつけられていた。日本軍守備隊は、島に対するアメリカ軍の空襲と艦砲射撃が始まると、ガラパンやチャランカノア、タナパク、ドンニイなど町の住民に山間部への避難を命じ、軍の食糧を配給した。しかしそのときは、アメリカ軍の上陸地点がわからなかったので、人びとに避難先をはっきり示すことができなかった。また短期間で島の防備をかためるのに必死の日本軍守備隊は、民間人の保護どころではなかった。軍事警察と司法警察を任務とする憲兵隊が、民間人に対応したが、その非公式な命令は民間人も軍と生死を共にするという「戦陣訓」そのものだった。

アメリカ軍が島南部の西海岸に上陸し、日本軍を駆逐しながら北上し始めると、山中に潜んでいた民間人たちも北部へ逃避行を始めた。子ども連れの夫婦、老人たちの群れが、夜の山道を北へ北へと逃れた。そうした人びとは、一万八〇〇〇人から二万人と推測されている。それでもアメリカ軍の制圧地域に取り残され、あるいは戦闘中に投降あるいは保護される人びとは増え続ける一方だった。アメリカ軍は、避難民を収容するためにチャランカノア付近に大きな収容所（キャンプ）を二つ設けた。鉄条網の張られた柵で囲んだ約五〇〇〇平方メートルの敷地に、テントや掘っ立て小屋を並べ、人びとを入れた。収容所の管理は、海兵隊司令部に属する民生部の担当だった。

アメリカ軍に拘束された民間人は、まず身元の確認がおこなわれた。この仕事は、日系アメリカ人兵士が担当した。人びとは、日本人、そして当時は日本国籍だった朝鮮人と台湾人が同じ収容所に、そしてチャモロ人、カナカ人など島の原住民は他の施設に収容された。日本人民間人のなかには、生き残りの日本兵が戦闘服を平服に着替えてまじっていた。そうした身元を偽る者は、疑念をもたれると尋問がされ、民間人とは異なる軍人の収容所へ送られた。

アメリカ軍に拘束された人びとは、虐待や暴行がないことを知って安堵した。上陸作戦開始から一週間、すでに拘束された民間人は二五〇〇人以上になっていた。島で日本軍守備隊と激しい戦闘を継続中のアメリカ軍は、収容所のために多くの人員をさくわけにはいかない。海兵隊の民生部は、拘留した人びとを組織化し生活に必要な作業を分担させた。五〇人ほどの班をつくらせ班長を決め、簡素な住居やトイレの建設、調理などの仕事をおこなわせた。日本軍が備蓄した大量の糧秣が、日本軍が撤退した地域の洞窟などに隠されていた。アメリカ軍はそれらを発見し、人びとにあたえた。

島南部の日本海軍のアスリート飛行場は、上陸三日目の六月十七日にジェラルド・W・ケリー大佐の率いる第一六五歩兵連隊がすでに占拠していた。第一六五歩兵連隊はこの飛行場を、ギルバート諸島のマキン島攻略戦で功績をあげて戦死した同連隊のガーディナー・コンロイ陸軍大佐を記念し、コンロイ・フィールド（飛行場）と命名した。

六月二十二日、コンロイ飛行場にはアメリカ陸軍の第一九戦闘機部隊（Fighter Squadron）のP－47「サンダーボルト」の編隊が到着した。それらはサイパン島近海まで護衛空母で運ばれてきて、そこから発進した。「サンダーボルト」は陸上機で艦載機ではないので、空母への着艦は

アメリカ陸軍のＰ－47「サンダーボルト」。2430馬力のエンジンで時速697キロメートルの最大速力、武装は12.7ミリ機銃8挺、5インチ（127ミリ）のロケット弾10発を搭載できる。

できないが発進は可能だった。コンロイ飛行場に着陸した「サンダーボルト」は、新兵器のロケット弾一〇発が装備された。二四三〇馬力の大型エンジンをもつ「サンダーボルト」には、五インチ（一二七ミリ）のロケット弾を翼下に一〇発搭載する。翌日の六月二十三日、「サンダーボルト」八機が離陸、山岳地帯の日本軍に対する攻撃と、海兵師団の山砲の攻撃目標の発見と着弾観測などの任務をおこなった。

これ以降、コンロイ飛行場の本格運用で、海兵隊や陸軍の航空支援は、沖合の護衛空母の艦載機とともにいっそう強化された。

ヒナシスの丘陵地帯の東側では、第二四海兵連隊（第四海兵師団）が、マジシネ湾に沿って洞窟を爆破しては日本兵をあぶり出す掃討作戦中だった。ジョセフ・Ｊ・カシン中尉も彼の小隊を率いて、岩場と密林が入り混じった山岳地帯を、日本兵の狙撃を極度に警戒しながら前進を続けた。

樹冠では野鳥が熟れたニクズクの果実をついばんでいる。森の巨大な天蓋の支柱となる熱帯雨林にからみつく寄生植物の鮮やかな花弁では、蜂や蝶が蜜を吸う。湿潤な地表に堆積し朽ちた枯れ葉の間に、サソリやムカデの甲虫類がうごめく。濡れた葉の上でヒルが伸び上がり、吸いつくことができる動物が近づくのを待ちかまえていた。小隊のアメリカ兵たちは、寡黙に森のなかを進んでいた。

ひとり孤立した日本兵は稀に降伏することもあるが、日本兵が集団で降伏することはありえない。日本兵の潜んでいそうな洞窟を見つけたら、そこを覗き込むような間抜けな海兵隊兵士はいない。そんなことをすれば、銃弾をくらって死ぬことになる。まず手榴弾を中に放り込んで爆破する。そして内部からの人声や物音に聞き耳をたてる。日本兵が潜んでいる気配があったら、また手榴弾を使うか火炎放射器で洞窟内を焼く。火炎放射器の焰が、洞窟の奥まで届かなかったとしても、焰は内部の空気を爆発的に消費し酸欠状態にする効果があった。

ある洞窟では、火炎放射器の焰を浴び火だるまとなった人間が、鋭い叫び声をあげて洞窟から駆けだして来た。ジョセフ・J・カシン中尉の部下は、即座にM1ガーランド小銃で撃ち殺した。それが、日本兵なのか民間人なのかわからなかった。中尉はそれを知るのが嫌で、部下に死体を調べさせようとはしなかった。

カシン中尉は、この掃討作戦中に奇妙な経験をした。彼の小隊は密林を慎重に進んでいた。マジシネ湾の見える海岸線まで到達したらひとまず安心だ。彼は、自分の小隊の割り当てられた地域に日本兵がいないことを願った。いつものように、斥候として小隊の先頭にだした二人の兵士の合図を待った。彼らのひとりが振り向き、掌を開いた。「前進せよ」との合図だった。地面にしゃがんでいたカシン中尉と部下は、立ち上がり一歩を踏み出そうとした。そのとき、彼は肩が軽くたたかれるのを感じた。隣にひとりの日本兵がいた。その日本兵は、茂みの中に身を隠していたのだ。カシン中尉は、あまりの驚きのために一言も発せず、とっさに地面に転がり銃口を彼に向けた。彼が射撃するよりも先に、部下の小銃がその日本兵を撃ち抜いた。胸や腹を何発も弾丸が貫いて日本兵は絶命した。しかし部下たちは射撃をやめない。カシン中尉は射撃中止を命じ、同時に大声で小隊に散開を命じた。兵士たちの密集形態は、手榴弾を一つ放り込まれたら全滅する。

腹這いの姿勢でカシン中尉は、太い樹木の陰、幹、葉に覆われた岩場など、狙撃兵のいそうな場所に視線を走らせた。鼓動が高まり汗が額から頬に流れ、呼吸が短く激しくなった。わずか数センチのところに、湿った草と土の匂いがした。森のなかに、鳥の羽ばたきと鳴き声が聞かれた。手の届きそうな地面に、さっき突然に現れた日本兵の死体があった。腰のベルトに拳銃の入ったホルスターを付けていた。おそらく士官だろう。投降しに来たのだろうか。いや、そうではないだろうとカシン中尉は思った。投降ならもっと安全な方法があるはずだ。その日本兵は部下をすべて失い、死ぬために来たのだろうか。まったく不可解なことだが、そんなことを考える余裕はない。その男はもう死んだし、カシン中尉は自分の部下をできるだけ死なさずに戦わせること、それに最善を尽くすのが使命だ。

しばらくじっとして様子をみたが、なにも起こらなかった。カシン中尉は、部下を引き連れ、ふたたび密林のなか海岸線をめざして進み始めた。もっとも心配されたのは日本軍の狙撃兵だった。しかし茂みや木陰から銃弾が飛んでくることもなく二時間が過ぎた。遠くで波の音が聞こえ始めた。密林を抜け、太陽の光に満たされた砂浜にでた。波打ち際を歩き、兵士たちは冷たい太平洋の海水に手を浸した。吹きつける海風のなか塩分を含んだ波の飛沫が、疲れ果てた兵士たちを包んだ。

六月二十三日、この日もタッポーチョ山南麓での戦闘が続いていた。二三〇高地の東側の五根高地（ティポペイル山）、三四三高地、二八六高地では海兵隊の山砲の射撃で、しだいに日本軍は衰えていた。海兵隊は、高地の日本軍陣地への距離をつめつつあった。

チャランカノア海岸から揚陸したアメリカ軍の戦車部隊は、ヒナシス山南部を迂回しマジシネ湾に臨む平野に進出した。ＬＳＴ（戦車揚陸艦）で海岸に運ばれ、作戦に投入されたＭ４中型戦車「シャーマン」は一五〇輌を超えていた。戦車部隊はタッポーチョ山が見える丘陵地帯に連なり、山岳地帯に陣取った日本軍に対し砲撃を激しくおこなった。砲撃になすすべもない日本軍守備隊（歩兵第一一八連隊）は、ハグマン半島の付け根にあるチャチャ近郊に後退せざるをえなかった。この日の夕方、二三〇高地東側と二八六高地はついに海兵隊に制圧された。二八六高地の北にある三四三高地では、まだ日本軍が抵抗を続けていた。しかし海兵隊がそれを制圧するのは、時間の問題だった。

六月二十三日、第二海兵師団と第四海兵師団に加え、陸軍の第二七歩兵師団の本隊が山岳地帯の戦いに投入された。第二七歩兵師団の三つの連隊は、これまでアスリート飛行場（コンロイ飛行場）を確保、島南部の平野部と岬で日本軍掃討作戦をやっていた。山岳地帯で第二七歩兵師団にあたえられた任務は、タッポーチョ山東側の峡谷での日本軍の拠点の破壊だった。この地域は、日本軍の歩兵第一一八連隊などに守られていたが、渓谷には数多くの洞窟があり、稜線も谷底も細い経路しかない。そのためアメリカ軍は、大部隊の全力投入ができない。また歩兵隊を進める前に、必ずおこなわれる砲撃や空爆は、崖や岩場が障害物となり、その効果は限られていた。

細い谷間を進む第一〇六歩兵連隊（第二七歩兵師団）の陸軍兵士たちは、地形に熟知した日本軍の遊撃戦に死傷者を増すばかりだった。陸軍兵士たちは、日本軍が頑強に守りを固めるタッポーチョ山東側の峡谷を「死の谷」（Death Valley）と呼んだ。この「死の谷」で第一〇六歩兵連隊が困難に直面していたころ、島の南端のナフタン岬では、第一〇五歩兵連隊が日本軍の掃討作戦で苦戦していた。「死の谷」とナフタン岬での膠着状態が続いている報告に、第五両用戦軍団の司令官ホーランド・M・スミス中将は、しだいに第二七歩兵師団に対する苛立ちを強めていった。

六月二十四日、ホーランド・M・スミス中将は、彼の指揮下にある第二七歩兵師団のラルフ・E・スミスへ率直なメッセージを送った。それは次のように書かれた。

「第五両用戦軍団司令部は、六月二十三日に第二七歩兵師団が、攻撃開始時刻に大幅に遅れたこと、また消極的な行動、攻撃性の欠如、そして弱体化した日本軍部隊を制圧して〝O－5ライン〟を確保できないこと。これらを遺憾に思っている」

ホーランド・M・スミス中将は、第二七歩兵師団とその指揮官を責めたが、「死の谷」を含む山岳地帯は、サイパン島攻略作戦でもっとも困難な戦場だった。「死の谷」の周辺には、「地獄の袋小路」(Hell's Pocket Area)、さらに「名誉負傷の尾根」(Purple Heart Ridge) と呼ばれた戦場があった。それらの地形は、立てこもる日本軍の防御には非常に有利だった。タッポーチョ山の斜面からの視界は良好で、尾根は渓谷を登ってくるアメリカ兵を機銃で狙うのに充分な射界と適当な距離となっている。ホーランド・M・スミス中将は、こうした状況をあまり理解していなかった。

しかし「死の谷」とナフタン岬で第二七歩兵師団が進撃できずにいることは、その右翼と左翼を進撃する海兵隊に大きな問題を生じさせていた。海兵隊はその進行方向の日本軍と戦いながら、その側面からも日本軍の攻撃を受け、多数の戦死者をだす事態に陥っていた。苛立ちをつのらせたホーランド・M・スミス中将は、陸軍のサンダーフォード・ジャラン少将と会った。ジャラン少将は、サイパン島をアメリカ軍が制圧した後、島の駐留軍司令官に就任することが予定さ

中央にタッポーチョ山、その右（東）に「死の谷」(Death Valley)。サイパン島の戦いでの最大の激戦地だった（1944年6月）。

れていた。海兵隊のホーランド・M・スミス中将は、陸軍のジャラン少将からラルフ・E・スミス少将に彼の強い不満を伝えてもらったほうが効果的だと考えた。海兵隊が言いたかったのは、「第二七歩兵師団をもっと攻撃的に迅速に進撃させろ」ということだった。その不満は、ホーランド・M・スミス中将だけではなく、前線で戦う海兵隊兵士たちの憤りでもあった。こうした第二七歩兵師団の行動に対する海兵隊の厳しい批判は、陸軍対海兵隊の確執へと発展した。

アメリカ軍の上層部で、こうした対立が生まれつつあったが、「死の谷」での凄惨な戦いは続く。最下層の陸軍の歩兵小隊は、情け容赦のない戦闘のなかにあった。陸軍兵士たちは、暑い太陽が照りつける岩だらけの渓谷で、日本軍の機銃陣地の攻略に苦労していた。たびたびコンロイ飛行場に空爆を要請した。無線要請から数分後、第一九戦闘機部隊のP－47「サンダーボルト」が数機、上空に飛来した。「サンダーボルト」は、五インチ（一二七ミリ）のロケット弾を翼下に一〇発搭載する。ロケット弾を日本軍の機銃陣地に照準して発射するが、目標が渓谷深くにあるためなかなか命中しない。また上空にアメリカ軍機を発見すると、日本軍はすばやく陣地から兵器とともに撤収し渓谷の奥に身を隠した。

やはり犠牲覚悟で、歩兵を行かせるしかないのかと、第一〇六歩兵連隊の指揮官ラッセル・G・アイレス大佐は考えた。しかし時間をかけさえすれば、これは確実に勝てる戦場なのだ。山岳地帯に籠城する日本軍に補給はない。弾薬も食糧もいずれ尽きる。彼の連隊は、戦死者をださない程度の消極的な攻撃を繰り返し、効率の悪い空爆も続ければいい。だが、前線の両翼を北上する海兵隊は文句を言っている。陸軍部隊がもたついているために、自分たちが危険な状態なんだという。勝手な言い草だと、アイレス大佐は憤った。陸軍部隊にもっとも厳しい山岳地帯を割り当てといて、海兵隊は平地と海岸線をどんどん北へ進撃し、遅れているわれわれを臆病者扱いしている。

六月二十三日、グアム島と硫黄島の日本海軍航空基地では、サイパン島日本軍守備隊を支援する攻撃をふたたびおこなった。この航空攻撃もやはり小規模だった。グアム島の零式艦上戦闘機と硫黄島の八幡部隊所属の一式陸上攻撃機は、サイパン島近海の艦船を襲った。これによって輸

圧倒的兵力のアメリカ軍だったが、日本軍守備隊の激しい抵抗で戦死者は増える一方だった（1944年6月）。

送船一隻が沈没、コンロイ飛行場付近にも爆弾が落とされたが被害はなかった。

一九四四年六月十九日に始まったマリアナ沖海戦（「あ号作戦」）に大敗し、日本海軍は空母機動部隊を運用する機能をほぼ喪失した。マリアナ諸島を含む絶対国防圏の維持は、風前の灯だった。大本営では、いかにして絶対国防圏、直接的にはサイパン島を守るかが、連日議論されていた。大西瀧治郎中将は、全航空兵力を結集してサイパン島周辺の制空権をとり戻し、島に陸軍部隊を投入すべきと述べた。東條英機参謀総長もサイパン島へ二個師団を投入し、第五艦隊に「イ号作戦」を実施させるべきと主張した。しかし陸軍はそんな無謀な作戦では、これまでのようにアメリカ軍の艦載機と潜水艦で輸送船が沈められ、大勢の陸

当時、内閣総理大臣だった東條英機。彼は陸軍大臣と参謀本部および大本営総長を兼務していた。サイパン島奪回作戦を強く主張したが、疲弊した日本軍の戦力では有効な手立てがなかった。

軍兵士をむざむざ失うだけだと強く反対した。

サイパン島だけを守ればいいというわけにはいかない。これから小笠原諸島、沖縄を含む南西諸島も守らなくてはならない。戦争継続を至上命題とする参謀たちは、すでに日本軍守備隊が疲弊したサイパン島にいつまでも関わってはいられないと考えていた。陸軍も海軍も、航空機を含む兵力に余裕などまるでなかった。

六月二十四日、大本営はサイパン島奪回作戦の中止やむなしとの結論に至る。それは同日、天皇に上奏され最終決定となった。サイパン島奪回のため横浜などに集結しつつあった陸軍部隊は、フィリピン、台湾、南西諸島、小笠原諸島などへ派遣された。絶対国防圏は崩壊、縮小した新しい絶対国防圏の線引きも検討されたが、それにはあまり意味はなかった。あと数カ月で、日本本土に対する本格的な空襲が始まることが確実だったからだ。みすてられた島サイパン、遅くとも七月上旬にはサイパン守備隊の玉砕は避けられないだろう。東京の戦争指導者たちは、そのように考えていた。

六月二十四日、サイパン島の西海岸の海兵隊の駐屯地では、アメリカ兵たちの間に歓声があがった。六月十七日に海上から姿を消した輸送船団と戦艦部隊が、ふたたび沖合に戻ってきたからだ。海岸近くに備蓄してある弾薬、食糧などはまだ使い果たしてなかったが、これからはその在庫量を気にかける必要もなくなった。

タッポーチョ山の南東側の「死の谷」では、第二七歩兵師団が洞窟内に陣地を築き抗戦を続ける日本軍に手間取っていた。しかし「死の谷」の入り口に一〇〇輛以上投入されたアメリカ軍戦車に、日本軍はなすすべがなかった。もう日本軍に射撃できる山砲はない。九九式破甲爆雷を抱えた決死隊が、アメリカ軍戦車めがけて突入し五輛を破壊したが、それが反撃の限界だった。

六月二十四日夕刻、三四三高地を海兵隊は攻略した。また第四海兵師団は、ハグマン半島の付け根に位置するチャチャまで侵攻し、アメリカ軍の支配地域をさらに拡大した。この時期、日本軍守備隊の兵力は、第四三師団が約四〇〇〇名、他の壊滅した部隊の残存兵が約二〇〇〇名だけになっていた。稼働する戦車はたった五輛で、野砲は全損、あるいは砲はあっても弾薬が底をついていた。また食糧、水、医薬品が欠乏し、とくに負傷兵たちは地獄の苦しみを味わっていた。

日本軍はアメリカ軍の上陸前にかなりの量の糧秣を貯蔵していたが、その場所はすでにアメリカ軍の支配地域の中にあった。歩くことのできない負傷者は、部隊が移動する際に自決用の手榴弾を渡された。斎藤義次中将の第四三師団戦闘司令所（もと南部地区警備隊司令部）は、さらに北に追い立てられ、二二五高地付近の西の渓谷に後退した。

上陸部隊（第五両用戦軍団）総指揮官ホーランド・M・スミス中将の申し立てにより、六月二十四日、第二七歩兵師団の指揮官ラルフ・E・スミス少将は、その任を解かれた。その人事を決定したのは、第五艦隊（Fifth Fleet）司令官のレイモンド・A・スプールアンス大将だった。そしてサイパン島の駐留軍司令官に就任する予定のサンダーフォード・ジャラン少将が同師団の一時的な指揮官に任命された。解任されたラルフ・E・スミス少将は、太平洋方面司令部に呼び出され、海軍の艦艇でハワイに向かった。

上陸部隊総指揮官ホーランド・M・スミス中将の要請にもとづく陸軍の第二七歩兵師団のラルフ・E・スミス少将の罷免は、二人の高級将校がスミスの姓をもつことから、「スミス対スミス事件」と呼ばれ、海兵隊と陸軍の対立と受け取られた。大規模な軍事作戦遂行中での上級指揮官の解任は、海兵隊と陸軍の間の確執を際立たせた。この問題を契機に、海兵隊・陸軍とも、士官のみならず歩兵たちも感情的に相手側を非難した。海兵隊兵士たちは、陸軍が戦場で自分たちの安全ばかりを気にかけていると蔑んだ。一方、陸軍兵士は、海兵隊がいつも過分に手柄を主張していると言った。海兵隊と陸軍の部隊運用では一般的な傾向として、海兵隊は高い犠牲をはらっても迅速で積極的な行動をし、陸軍はより少ない犠牲でより慎重に行動するということが知られている。

「スミス対スミス事件」での陸軍将校の罷免は、ハワイやワシントンの陸軍の提督たちをも激怒させた。太平洋陸軍司令官（USARPAC）のハワイのロバート・リチャードソン中将は、この問題について陸軍の調査委員会を招集した。

第二七歩兵師団のラルフ・E・スミス少将を追い払ったホーランド・M・スミス中将は、中背で少し腹がでていて、白髪で髭をたくわえ、銀色のフレームの丸い眼鏡をかけていた。煙草を手放さず、口の悪い海兵隊兵士からは「遠吠えするあらくれスミス」（Howling Mad Smith）と呼ばれる激しい気性のもちぬしだった。彼はアメリカ軍上層部内では、海軍のリッチモンド・K・ターナー中将、陸軍のダグラス・マッカーサー大将とも折り合いが悪かった。しかし第五艦隊（Fifth Fleet）の司令官レイモンド・A・スプールアンス大将は、彼を高く評価していた。

スミス中将は、海兵隊のもっとも顕著な戦術である上陸作戦の研究と実践の先駆者だった。太平洋の島嶼攻略できわだった功績をあげ、四回も「最優秀指揮官賞」（Distinguished Service Medals）を受けている。そのスミス中将も、一九四五年二月に始まる硫黄島の戦いでは、栗林忠道中将が指揮する日本軍守備隊の持久作戦に苦戦し、海兵隊に六八〇〇名以上という膨大な戦死者をだした。硫黄島は一カ月以上の戦闘を経て陥落したが、硫黄島の戦いでスミス中将の指揮は批判され、第五両用戦軍団司令官を解任されることになった。

島を北上する前線の左翼を形成する第二海兵師団は、タッポーチョ山周囲の曲がりくねった経路を苦労しながら進んでいた。この山岳地帯には数多くの洞窟と岩場や崖があり、守勢の日本軍にとって有利だった。右翼の第四海兵師団は、ハグマン半島へ向かい東に向かっていた。ハグマン半島は海岸の崖に至るまで平坦で、サトウキビ畑が広がっていた。しかしそこには非常な危険があった。サトウキビ畑の作物は、ちょうど大人の身長ほどの高さに生長していて、海兵隊兵士から視界を奪った。これまでの経験から、日本軍の本隊が後退する際、数人の狙撃兵を残していく。日本陸軍は、射撃が優秀な歩兵を狙撃兵として選抜し、特別に訓練していた。

ハグマン半島の広大なサトウキビ畑で、海兵隊兵士たちは、不安にかられながら慎重に進んでいた。背丈ほどのサトウキビで周囲に見通しはきかず、前を行く兵士の背中しか見えない。遠くでかすかに銃声が聞こえ、ほぼ同時にひとりの兵士が崩れるように倒れた。弾丸の軌道から、日本軍の狙撃兵は樹木の上や影から、あるいは高台から射撃したに違いない。その方角に視線をはしらせても、巧妙にカモフラージュされた狙撃兵を見つけられない。

一人また一人と海兵隊兵士が狙撃手の餌食となる状況に、小隊長は師団の指揮官に戦車部隊の随伴を要請した。戦車を盾に、この広大なサトウキビ畑を横断すべきと考えたからだ。しかし海兵隊の将校はもっと過激な戦術を実行した。それは、サトウキビ畑をすべて焼き払ってしまうことだった。コンロイ飛行場のP－47「サンダーボルト」が、ハグマン半島のサトウキビ畑に焼夷弾を投下した。また火炎放射器を背負った海兵隊兵士や火炎放射器を装備したハーフトラックが、サトウキビ畑を焼き払うために動員された。しかし枯れ草を燃やすのとは違い、火を帯びたサトウキビ畑からは白い煙が猛烈にたち上がった。海から内陸へ吹く風に流された灰が、部隊を包み込み、兵士たちはむせ返った。

焼き払われたサトウキビ畑では見通しはよくなったが、日本軍の狙撃兵の攻撃は相変わらず続く。燻る灰だらけの大地、空気には灰と粉塵が混じる。灼熱の太陽の強い陽射しのなか、水不足もあって兵士たちは苦しんでいた。ときおり日本兵の狙撃があると、全員が灰と埃、黒焦げのサトウキビだらけの地面に腹這いになり、何十分もその姿勢のまま前進することもあった。ようやく休息できる場所にたどり着くと、運ばれてきた水の入ったドラム缶があった。先を争うように兵士たちは、その油の浮いた生温い水を飲んだ。

島の東のハグマン半島には、海に切り立つ断崖に多くの洞窟が点在する。サイパン島の西海岸はサンゴ礁が地殻変動で隆起した岩礁が取り巻いている。太平洋の波は岩礁で砕かれ、岩礁の内側の波は穏やかだ。しかし島の東海岸には岩礁がなく、太平洋の荒波が直接に岸にぶつかる。それは長い時間をかけて岸壁を浸食し、高い崖と多くの複雑な洞窟をつくりあげた。

第二三海兵連隊（第四海兵師団）のロバート・F・グラフ上等兵は、ハグマン半島の洞窟に潜伏する日本兵の掃討作戦を命じられた小隊にいた。崖を下った彼の小隊が岩場を進んでいくと、日本兵がたてこもる洞窟の前に別の小隊がいた。ここは陸地が海に浸食された海岸で、太平洋から吹き付ける強い風に波の飛沫が舞い上がっている。その塩辛い匂いに、小銃の発射薬の匂いが混ざっていた。少し前に、ここで海兵隊兵士が発砲したらしい。

洞窟のなかの日本兵を処分するのが、彼らの役目だった。日本兵は投降しない。敗残兵の彼らは自殺的攻撃をしかけてくるか、自決するのがふつうだった。グラフ上等兵も、投降を呼びかける片言の日本語、たとえば「シンパイスルナ」「デテコーイ」などは、島に来る輸送船で覚えさせられた。しかしそれが敵に通じるかわからず、また命がけの戦場でそんな言葉を信じる日本兵がいるとは思えなかった。

周辺を調べると洞窟の入り口はここだけらしい。洞窟の爆破のために工兵が呼ばれた。小隊長は、報われることの少ない敗残兵の掃討作戦なんかで、自分の隊から戦死者をだしたくなかった。彼は、もっとも単純で確実な方法を選んだ。工兵たちは「かばん型爆薬」(Satchel Charge) を洞窟の入り口から押し込んだ。そのとき、洞窟のなかから一発撃たれたが、誰にも当たらなかった。「かばん型爆薬」は、板に爆薬と起爆装置を針金でしばりつけ、運搬用の取っ手をつけたものだ。

電線が引かれ、グラフ上等兵も他の兵士たちとともに後退し、岩陰に身を隠した。合図とともに大きな爆発音が響き、彼の上にも細かい岩のかけらが降ってきた。岩場から出て洞窟を見ると、入り口は岩と土砂でふさがれていた。なかにいた日本兵がどうなったか、確認する必要はなかった。爆発で吹き飛ばされ死んだか、重傷を負ったかわからないが、どうせ連中は二度と外へは出て来られない。アメリカ兵たちはそう思い、それ以上の思いを抱かないようにしていた。

グラフ上等兵の記憶に残るもっとも残酷な光景は、火炎放射器を使用したときだった。火炎放射器のユニットを背負った兵士は、命令があれば洞窟のなかに焔を噴射し、中にいた者は誰でも

海岸の岩場で日本兵の掃討作戦をおこなう海兵隊兵士（1944年6月）。

焼いた。グラフ上等兵はそんな残酷な武器を持たされたくなかったが、アメリカ兵の誰だってそれは同じだった。人間を焼き殺す任務に誇りはもてないし、そんなことをしていたら、この島で死んでも、とても天国へは行けそうになかった。

　火炎放射器の放射パイプの引き金を引くと、ゲル状になったガソリンが火柱となって洞窟の入り口から注ぎ込まれた。そのとき、業火に焼かれ酸素が燃えつきる洞窟の奥から、女の叫び声が聞かれた。洞窟に潜んでいたのは民間人だった。少し離れて洞窟の様子をうかがっていた海兵隊兵士たちは、思わず互いの顔を見た。皆が衝撃を受け、深刻な苦しい眼差しを交わした。その女かどうかはわからないが、全身火だるまとなった人間が洞窟からよろめいて出てきた。グラフ上等兵たちは小銃を構えると、その人影にみさかいなく銃弾を何発も撃ちこんだ。

洞窟のなかの人びとを皆殺しにした後、小隊はふたたび日本軍の敗残兵を捜すため岩場を歩きだした。グラフ上等兵は、こんな任務はもう嫌だった。どうせなら銃弾の飛び交う前線で戦いたかった。前線はここよりずっと危険で恐ろしいのは知っていた。命を落とす確率も高い。だが少なくとも、前線には兵士としての名誉や誇りがあった。しかしハグマン半島の「洞窟つぶし」や「日本兵狩り」は、終わりのない自己弁護と後悔や懺悔の念を、彼の残りの人生に刻み込むに違いない。

火炎放射器（Flamethrower）は第一次世界大戦時、対フランス戦の陣地攻撃でドイツ軍が積極的に使用した。他の国はその残酷性を非難したが、第二次大戦では多くの国の軍隊が導入した。兵士が背中に背負うバックパック式のユニットは、二本ないし三本のシリンダーで組まれ、その中にはゲル状にしたガソリンと圧搾ガスが別々に充塡されていた。圧搾ガスの圧力でゲル状にしたガソリンに、放射と同時に点火させる仕組みだった。

火炎放射器は、焰の放射距離が短く精密な照準はできず、背負ったゲル状のガソリンを充塡したシリンダーに被弾すれば、歩兵もろとも火だるまになる。しかし洞窟や密林など敵の視認が難しい状況では、有効な兵器として評価された。敵の潜伏していそうな場所を、広範囲に焼き払うことで、敵の殲滅と味方の安全が確保できる。また焼き殺すという残虐性が、敵にあたえる精神的影響も大きい。

硫黄島攻略作戦で火炎放射器（Flamethrower）のユニットを背負う海兵隊兵士（1945年2月）。

太平洋の島嶼攻略作戦において、アメリカ軍は歩兵が背負うバックパック式の火炎放射器を多用した。またハーフトラックやLVT（水陸両用装軌車）に、大型の火炎放射器を搭載し、また火炎放射戦車（flame-throwing tanks）も投入されていた。

サイパン島の戦いでは、洞窟や市街地での廃墟など、日本兵が潜伏していそうな場所では、頻繁に火炎放射器が使用された。深い洞窟で焔が届かなくとも、洞窟内で爆発的に空中の酸素を燃やし、酸欠状態にして日本兵の戦闘能力を奪う効果もあった。

死の谷

アメリカ軍の上陸から十一日目の六月二十五日、疲弊した日本軍守備隊の全兵力は、兵士数約五〇〇〇名、山砲や野砲は一門もなく、戦車はわずか五輌だった。すでにアメリカ軍の支配地域となった渓谷や洞窟・密林・半島部には、孤立した日本兵の小集団が点在していたが、互いに連絡がとれず、日本軍守備隊の組織的連携は失われていた。

この日、東海岸中部の町ドンニイの南西側の山中に後退した第四三師団司令部で、守備隊の高級指揮官たちが会合をもった。おもだった顔ぶれは、第三一軍の井桁敬治少将、第四三師団の斎藤義次中将、中部太平洋方面艦隊（海軍陸戦部隊）の南雲忠一中将である。同じ日、大本営からサイパン島の守備隊に対し、サイパン島救援のための「イ号作戦」中止を知らせる入電があった。この島はみすてられたのだ。これで陸軍部隊や連合艦隊のサイパン島救援の望みは、完全に絶たれた。もうサイパン島の運命は玉砕以外にない、と集まった高級将校たちは覚悟をきめた。

サイパン島の守備隊は、第四三師団が主力だが、中部太平洋方面艦隊司令部・第三一軍司令部・第四三師団司令部とそれぞれの戦闘指揮所が設置され、それらはアメリカ軍の侵攻とともに後退を繰り返していた。六月二十六日、各指揮所の連絡の途絶や命令の不徹底という状況から、分散した司令部を第四三師団の統一指揮下に置くことにした。これはあまりに遅すぎる決定だった。兵力がここまで疲弊した段階で、指揮統一をしても作戦もなにもなかった。この合同司令部は二二五高地の西に置かれた。

アメリカ軍の上陸前、日本軍の守備隊はサイパン島を北部・中部・南部の三地域として部隊を派遣していた。北部地区警備隊として独立臼砲第一四大隊・独立戦車第三中隊・独立戦車第四中隊・歩兵第一八連隊がいた。六月十五日〇六時前、アメリカ軍は島南部のチャランカノア海岸の上陸に先行し、島北西部タナパク湾の海岸に陽動作戦をおこなった。

タナパク湾から上陸してきたのは、第二海兵連隊（第二海兵師団）と第二四海兵連隊（第四海兵師団）だったが、それらは海岸から内陸へ積極的に進撃しようとはしなかった。しかし沖合のアメリカ軍艦艇からの艦砲射撃と艦載機の空爆は激しく続けられた。

このとき、サイパン島北部にひとりの士官がいた。彼は、兵士としてよく訓練され実戦経験も豊かで、命令に忠実な日本軍士官だった。しかし島の日本軍守備隊が壊滅した後、彼は彼に従う兵士や民間人とともに自らの判断で戦う責務を担わされる。大場栄大尉、ときに三一歳であった。

大場栄大尉。サイパン島の戦いのとき、歩兵第一八連隊衛生隊の隊長を務め120人の部下を率いていた（1945年12月1日）。

歩兵第一八連隊の大場栄大尉の衛生隊は、島北部の町マタンシャの東約一キロメートルの山岳地帯の洞窟にいた。このとき大場大尉は、衛生隊指揮官として一二〇人の部下を率いていた。

大場栄は、愛知県出身で一九一三年生まれ。愛知県実業教員養成所を卒業して一九三三年に御津町立実業学校教諭となった。翌年に徴兵され歩兵第一八連隊に配属、二年後に甲種幹部候補生となり、部隊とともに中国大陸に派遣された。その後、少尉、中尉と昇格して一九四一年、歩兵第一八連隊中隊長に就任し、一九四三年に大尉となった。サイパン島の戦いの時期には、歩兵第一八連隊衛生隊長を務めていた。

マリアナ諸島を含む絶対国防圏の死守が大本営で検討されていたころ、大場栄大尉の所属する歩兵第一八連隊は中国大陸から中部太平洋への移動を命じられた。一九四四年の三月、歩兵第一八連隊は輸送船に乗り込み朝鮮半島の釜山を出港、マリアナ諸島へ向かった。しかし既述のとおり、この輸送船団は、台湾沖でアメリカ軍潜水艦の魚雷攻撃を受け、歩兵第一八連隊約三九〇〇名のうち約二二〇〇名が死んだ。大場大尉の乗船していた「崎戸丸《さきと》」も沈没し、彼は仲間とともに一八時間、海を漂流した。そして翌日、幸運にも駆逐艦に救助され、サイパン島に運ばれた。歩兵第一八連隊の兵力は半分以下になり、野砲や臼砲・迫撃砲、その他の多くの兵器と物資は海底に沈んだ。

輸送船の沈没時の火災で火傷を負った大場栄大尉は、ガラパンの小学校に設置された診療所に入院して治療を受けた。その間、歩兵第一八連隊の本隊はグアム島へ移動してしまった。サイパン島に残された大場大尉は、衛生隊の指揮官として島北部の警備を命じられた。

アメリカ軍の上陸から十一日目の六月二十五日、大場栄大尉は、島北部の町マタンシャの東約一キロメートルの山岳地帯の洞窟の救護所にいた。海上からの砲撃と空爆による負傷者が、この洞窟に次々と運ばれて来る。陸上では歩兵隊同士の地上戦はほとんどなかったが、日本兵の負傷者は増える一方だった。島の北部でも、アメリカ軍は艦砲射撃と空爆を徹底的にやった。日本軍歩兵部隊は、敵兵の姿さえ見ることなく、海と空から注ぎ込まれる圧倒的火力によって潰されていく。厳しい訓練に耐え実戦経験をつんできた多くの兵士たちが、一方的な砲撃や空爆に斃されていくことに、大場大尉はやるせない気持ちでいっぱいだった。

大場栄大尉の衛生隊の軍医は、釜山を出港したときは八人だったが、輸送船の沈没時に六人が行方不明となった。そしてサイパン島の戦いが始まると、石川賢次軍医ひとりだけになってしまった。衛生兵の渡辺伍長が石川軍医の補佐を務めていた。大勢の負傷者の治療に対応できる医療要員・医療設備・医薬品はまったく不足していた。

上陸作戦開始から十一日目の六月二十五日、北部地区警備隊の司令部に行かせた岩崎軍曹が命令文書を持って帰って来た。北部地区警備隊長花井少佐は、ドンニイの北側へ集結を命じていた。サイパン島の戦いの主戦場は、十日前に島南部の西海岸から始まり、このころタッポーチョ山からさらに北上しつつあった。ドンニイはハグマン半島の北、東海岸の町だった。ドンニイには日本軍の弾薬、糧秣などの集積所が置かれている。大場大尉は部下二名を連れて地形と戦況を観察するために高地に登った。タッポーチョ山の南側には煙が遠望され、ときおり山砲の弾着音が聞かれた。

六月二十五日二三時三〇分、大場大尉の衛生隊一二〇人は、約四キロメートル離れたドンニイを目指し、南へ行軍を始めた。洞窟の治療所はそのままにし、負傷者はそこに留まった。尾根づたいの山道を進むと、島の北部へ避難する民間人の群れが続いていた。夫婦と思われる男女・子ども・幼児、なかには負傷した日本兵の姿もあった。アメリカ軍の山砲あるいは艦艇からの砲弾がそれほど遠くない場所に着弾し、その衝撃が地面に伝わった。タッポーチョ山の上空に打ち上げられた照明弾が、強い光を放って弧を描いてゆっくり降下している。

この夜、日本軍が西海岸のアメリカ軍の拠点に対し夜襲をかけていた。曳光弾の青白い幾筋もの光跡が、樹木の間に瞬いた。砲撃音とその震動がかすかだが、遠く離れた山岳地帯にも伝わってきた。午前零時をまわり六月二十六日となった〇二時、まだ深夜のうちに大場大尉の衛生隊一二〇人は、ようやくドンニイの北部に到達した。

大場大尉は、北部地区警備隊の司令部が命じた集合地点の確認、そして彼らと同じく集結しつつある他の部隊と接触するため二名を偵察にだした。兵士たちに休息を命じ、周辺に歩哨をたて周囲の警戒にあたらせた。偵察から戻った二人は、日本軍部隊を統括する司令部の所在は不明と報告した。夜明け前、アメリカ軍の航空機に上空から発見されることを恐れ、大場大尉は部隊を林から谷へ移動させた。峡谷の入り組んだ山岳地帯へ一二〇人の部下を隠した。すでにハグマン半島を制圧したアメリカ軍は、さらに前線を北上させている。日本軍のものではない水冷機関銃の射撃音が、山間部に響いている。最前線はすぐ近くに迫っていた。

夜が明けると、アメリカ軍の航空機が飛んできた。アメリカ軍機は山岳地帯を低い高度で飛び、日本軍の拠点や移動する部隊を発見しようとしている。フロートをつけた複葉機一機が、大場大尉のすぐ上空を通過した。おそらく戦艦か巡洋艦の射出機から発進した着弾観測機だろう。大場大尉は発見されたかもしれないと不安にかられた。その機はそのまま飛び去ったが、しばらくして爆撃機の編隊を誘導して戻って来た。爆撃機は一機ずつ急降下を開始、それぞれ二個ないし四個の陸用爆弾を投下した。陸用爆弾は炸裂時の爆圧と弾片飛散が大きい。六〇キロ爆弾で一〇メートル半径、二五〇キロで二〇メートル半径の殺傷力をもち、その中では遮蔽物に隠れていなければ助からない。密林に着弾した爆弾は、樹木を粉々にし空高く舞い上げ、岩場に落ちた爆弾は土煙のなかで岩を粉砕した。炸裂した爆弾の鋭利な弾殻の破片が、兵士たちの身体を切り裂いた。この編隊に続いて、アメリカ軍の艦載機が続々と飛来し、急降下爆撃を繰り返した。

しばらくして空爆が終わると、次に山砲の砲撃に代わった。射撃地点はドンニイの南西の丘陵地帯と思われた。アメリカ軍の山砲の火力は強力で、迫撃砲（九七式曲射歩兵砲）しかもたない日本軍部隊は反撃のしようがなかった。夕方まで続いたこの日の空爆と砲撃で、大場大尉の衛生隊や周辺で待機中の他の部隊もかなりの死傷者をだした。大場大尉の側近だった伴野少尉は、このときの砲撃で戦死している。

第二七歩兵師団は、六月二十六日も朝から、タッポーチョ山の山頂で抗戦を続ける日本軍に激しい砲撃を浴びせていた。この標高四七三メートルの山を第二七歩兵師団が制圧できないことが、

タッポーチョ山を攻略した第八海兵連隊（第二海兵師団）（1944年6月）

左翼の第二海兵師団、右翼の第四海兵師団の前進の妨げになっていた。前線を形成する第二七歩兵師団の担当する中央だけが、南に湾曲した形になっている。そのため側面から攻撃を受ける海兵隊は、第二七歩兵師団がタッポーチョ山攻略に手間取っていることに憤りを強めていた。しかし連日の砲撃と山頂陣地への銃撃で、ここを守る大津理作中尉の歩兵第一三五連隊の兵力はわずか六〇名と激減していた。

タッポーチョ山山頂を攻略したのは、ここで激しい戦闘を続けてきた陸軍ではなく海兵隊だった。この日の夕刻、陸軍の第二七歩兵師団より先に第八海兵連隊（第二海兵師団）が展張した煙幕の中、東側の斜面を山頂まで一気に駆け登り、山頂の日本軍を制圧した。犠牲の多かったこの山の攻略に、山頂にたつ海兵隊兵士は歓喜の声をあげた。一方、第二七歩兵師団は、最後の最後に電撃的な山頂攻略をやった海兵隊に対し怒りをつのらせた。

タッポーチョ山周辺の日本軍部隊は夜になって山頂奪回を試みたが、兵力も火力も乏しい少数の部隊は目的を果たせなかった。大津理作中尉が指揮する歩兵第一三五連隊第六中隊は、すでにアメリカ軍の支配地域となった山岳地帯を一五名の残存兵を率いて脱出し、北部の日本軍と合流した。

第二三海兵連隊（第四海兵師団）のロバート・F・グラフ上等兵の小隊は、タッポーチョ山の南側の丘陵地帯と岩場を進んでいた。日本軍の本隊はすでに山の北側に後退し、グラフ上等兵の属する第二三海兵連隊もそれを追撃し北に向かっていた。しかしグラフ上等兵の小隊は、この丘陵地帯に留まり残敵を掃討する任務を与えられた。昨日までと違い、そこは激しい砲撃と銃撃戦が交わされる前線ではなかった。

グラフ上等兵の小隊が発見した洞窟陣地で、大規模なもののひとつには山砲が備え付けられていた。砲は、洞窟の奥に軌道上を移動できるようになっている。その入口には厚い鉄の開閉扉があった。これら洞窟要塞のような頑丈な陣地も、沖合の戦艦からの艦砲射撃では粉砕できただろうが、その直撃を免れていた。またある洞窟には日本軍守備隊の作戦室らしき部屋があり、他に医療設備、手術のための道具などが置かれていた。

丘陵地帯でグラフ上等兵は、避難民の一団を見つけた。上からの命令では、民間人を殺傷してはならないとされていたが、その命令は自分たちの安全が脅かされる危険がない場合だけ遵守すればよかった。彼らは韓国人、チャモロ人の男女だった。両手を上げ、笑顔をつくり日本人のようにお辞儀をしていた。好意的な態度でアメリカの敵ではないこと、サトウキビ畑や製糖工場の労働者であることを片言の英語で話した。

日本人民間人は大勢いた。グラフ上等兵は、ひとりの女性のことを鮮明に記憶している。彼女は幼児を抱えていたが、その子が生きているようには見えなかった。彼女はグラフ上等兵の腕を打ち始め、彼の背嚢を指差した。グラフ上等兵は日系アメリカ人の通訳が来るまで、彼女が何を欲しているのか理解できなかった。通訳は、彼女が子どもにあたえる食べ物と水を求めていると言った。枝網の籠に入れられた幼児は、明らかに死んでいた。グラフ上等兵は乾パンを彼女に手渡した。彼女はそれを受け取ると、子どもの入っている籠の中においた。

投降あるいは強制的な保護で、避難民は拘束された。そうした人びとの様子はひどいものだった。ハンセン病、デング熱、フランベジア（熱帯性潰瘍）、象皮病を患っている者も珍しくなかった。多くの人びとは、この十日間ほどろくに食事をとっておらず痩せ細っていた。裕福な家の婦人と思われる立派な服装の女性もいたが、やはり衰弱していた。また連日の銃撃や砲撃・空爆で精神的にまいっており、アメリカ兵にどう扱われるかについて、明らかに恐怖にかられていた。

第二七歩兵師団の指揮官ラルフ・E・スミス少将が解任され、一時的に同師団の指揮官になっていたサンダーフォード・ジャラン少将は、連隊の前進が慎重すぎるとすぐに不満をもった。「死の谷」（Death Valley）では、連隊の動きが停止していた。連隊の指揮官はその渓谷の迷路のような谷、隠蔽された日本軍の機銃陣地があまりに危険で、歩兵部隊を進める前に徹底的な砲撃と空爆を要求していた。しかし地形の複雑さから砲撃も空爆も効果的にそれらを破壊することはできなかった。

ナフタン岬で抗戦を続けていた独立混成第四七旅団のいくつかの隊は、アメリカ軍の攻撃で兵力が激減し、ここも全滅は時間の問題だった。佐々木己代太大尉は残存兵力でコンロイ飛行場を夜襲、そのままアメリカ軍の支配地域を北上し、守備隊本隊と合流する作戦をたてた。六月二十六日夜、佐々木大尉は生き残った兵士約五〇〇名を率い行動を開始した。

佐々木大尉の部隊は海兵隊の警戒地域を気づかれることなく通過、飛行場に突入する。数機のP－47「サンダーボルト」を破壊し、そのまま部隊は一六三高地（Hill 500）を目指した。しかし第二五海兵連隊（第四海兵師団）と第一四海兵連隊（第四海兵師団）と山中で戦闘となり、海兵隊の圧倒的兵力の前に大部分が戦死した。

ドンニイ北側へ集結を命じられ、六月二十六日に集合場所に到着した大場栄大尉の衛生隊はその日の朝から空爆と砲撃にさらされていた。アメリカ軍の山砲での砲撃は夕刻まで断続的に続き、大場栄大尉の一二〇人の部隊は、その半数が戦死して六〇名ほどに激減した。大場大尉はこれでは部下を死なすために、わざわざ山中を移動してきたようなものだと怒りをつのらせた。空爆と砲撃で一方的にたたかれた大場大尉の衛生隊は、ようやく夜を迎えた。夜間には砲弾は飛んでくるかもしれないが、空爆はない。

日が沈むと付近の各部隊が互いに連絡をとりあい、指揮官たちは状況の把握につとめた。しかし花井少佐の北部地区警備隊司令部の所在はわからず、命令もなかった。大場大尉は決断を迫られた。前線を北上しつつあるアメリカ軍は、もうすぐそこに迫っている。この場所に留まったままで夜が明けたら、部隊の全滅は必至だ。部隊を移動させるには暗闇に姿を隠せる夜しかない。大場大尉は他の部隊指揮官とも話し合い、北へ戻るしかないと判断した。南下してきた経路をそのまま戻り、島の北部の町マタンシャ西の山岳地帯に帰ることにした。

六月二十六日午後一〇時、空爆と砲撃で痛めつけられ大勢の死傷者をだした大場大尉の部隊は、失意のまま北へ行軍を始めた。北の山岳地帯へ戻ったら、どんな展望があるのだろうか。この島の日本軍守備隊司令部と各部隊の連携はもうずたずただった。それは一個中隊を率いる大場大尉にも実感された。こんな状況で、司令部はまともな作戦をたてられるのだろうか。今回のように結局、意味のなかった命令で、また部下をむなしく死なせてしまうことが繰り返されるのか。大場大尉は大きな不安を抱きながら、暗い山道を北へ急いだ。

六月二十七日朝、二二五高地の西にある斎藤義次中将の合同司令部は、さらに防御線を北に後退させた。このころになると防御線の存在もその後退も、各部隊に周知させられず、防御線の決定はあまり意味がなかった。司令部が定めた防御線を各部隊が分担し、連携して死守する態勢はできるはずもなかった。

六月二十七日、島南端のナフタン半島の日本軍守備隊は全滅し、完全にアメリカ軍に制圧された。アメリカ軍の主力が形成する前線はずっと北にあったが、この半島の山と岬に孤立した日本軍は、二週間近く第一〇五歩兵連隊（第二七歩兵師団）を相手に戦ってきた。しかしその最期は全滅だった。それはサイパン島でおこなわれた最初の「玉砕攻撃」となった。六月二十七日の夜、第一〇五歩兵連隊の野営地へ総攻撃をかけた日本軍は、ほぼ全員が戦死した。夜が明けると、野営地の周辺に五〇〇〇人以上の日本兵の死体が無残な姿をさらしていた。

タッポーチョ山はすでに陥落、第四海兵師団は「O－6ライン」を確保、陸軍の第二七歩兵師団は、山頂の東側の険しい岩と密林地帯で日本軍の激しい抵抗にあった。「名誉負傷の尾根」（Purple Heart Ridge）と「死の谷」（Death Valley）で戦闘はまだ続いていた。地形上の優位をもつ日本軍だが、まったく補給のない状況でアメリカ海軍の艦艇と山砲の射撃に被害が増すばかりだった。

東海岸の町ドンニイには陸軍野戦病院が置かれていた。そこでは約五〇人の軍医と数人の従軍看護婦・衛生兵が、大勢の負傷者の手当てに追われていた。アメリカ軍の空爆と砲撃による負傷者がほどんどで、六〇〇人以上の負傷者であふれていた。医療従事者も医薬品・医療器具も、すべてが不足していた。重傷を負った者は、苦しみながら死を待つだけだった。アメリカ軍が北上を続け、もうじきこの町も戦場になることが確実となると、陸軍野戦病院も北への移動が決定された。歩けない負傷者は帝国軍人としての最期をまっとうすることを命じられ、数名ごとに自決のための手榴弾が渡された。

六月二十八日、ジョージ・W・グリナー少将がハワイからサイパン島に到着した。彼は解任された第二七歩兵師団の指揮官ラルフ・E・スミス少将の後任として、同師団の指揮をとる。一時的に第二七歩兵師団を任されていたサンダーフォード・ジャラン少将は、その本来の職務であるサイパン駐留軍司令官に戻った。その日、第一〇六歩兵連隊（第二七歩兵師団）は、「地獄の袋小路」（Hell's Pocket）で続いていた多くの犠牲をともなう戦闘で、ついに日本軍部隊を殲滅した。タッポーチョ山の西にある五根高地（ティポペイル山）でも第六海兵連隊（第二海兵師団）が、高地に築いた陣地で奮戦する日本軍を制圧した。

日本軍守備隊の合同司令部は、二二五高地の西からさらに北の渓谷へ後退した。島北部の町マタンシャの南にあるこの谷は、サイパン島日本軍守備隊の最後の司令部がおかれるが、それにふさわしい地名がついていた。複雑な谷が入り組み、多くの洞窟と崖と奇怪な岩がある。その景観から「地獄谷」と呼ばれる。

六月二十八日、歩兵第一三五連隊長の鈴木栄助大佐が、残存部隊とともに撤退中に戦死した。「地獄谷」の合同司令部では、大本営からの昭和天皇の御言葉が受信され、それはうやうやしく各部隊に伝えられた。これが、みすてられた島に対する唯一の慰めだった。

この三日前の六月二十六日深夜、ドンニイ北部から北へ向かい行軍を始めた大場栄大尉の部隊は、六月二十九日にもといた島の北部の町マタンシャ近郊の谷にようやく到着した。約一〇キロメートルの移動にこれだけ時間がかかったのは、部隊の前面に斥候をだして警戒しながら、しかも夜間しか移動できなかったからだ。

洞窟の救護所は以前より大勢の負傷者であふれ、さらに酷い状況だった。島の北部のこの一帯も、数日間激しい空爆と砲撃にさらされていた。救護所の医薬品はほとんど使い果たし、この場所にやっとの思いでたどり着いた負傷兵にしてやれることは少なかった。

上陸から十六日目の六月三十日、第二七歩兵師団はついに「死の谷」の日本軍を撃滅した。激戦の続いていた「名誉負傷の尾根」でも日本軍を駆逐した。たびたび陸軍部隊に対し不満をあらわにしていた第五両用戦軍団の司令官ホーランド・M・スミス中将も、このときは「誰もこんな困難な任務を遂行できなかったろう」と褒めたたえた。これによって、タッポーチョ山をはじめサイパン島の中央部はすべてアメリカ軍が支配した。兵力が激減した日本軍守備隊は島の北部に追いつめられ、合同司令部のある「地獄谷」はこの戦いにどんな展望もえがけなかった。

この日、撤退する日本軍部隊の南方に取り残されたドンニイの陸軍野戦病院には、第四海兵師団がすぐそこまで迫っていた。動くことのできない負傷兵数百人が、手榴弾で自決し最期を遂げた。しかし、ほんとうは彼らが死ぬ必要はなかったのだ。ヨーロッパ戦線では、捕虜は保護されることが知られていた。しかし日本軍は、兵士には捕虜とならず自決することを命じていた。

かつて日本軍がアスリート飛行場と呼んでいた島南部の飛行場は第二七歩兵師団が占領し、戦死した陸軍士官の名にちなみコンロイ飛行場と改名されていた。しかしそれから二週間もたって、海軍から異議が申し立てられた。不満の声をあげたのは、高速空母艦隊（第五八任務部隊）を率いるマーク・ミッチャー中将だった。彼は敵から奪った飛行場に陸軍士官の名前をつけることに反対した。

この異議に賛同した太平洋方面最高司令官チェスター・ニミッツ大将は、この飛行場をイスリー・フィールド（飛行場）と命名した。ボッブ・イスリー中佐は、航空母艦「レキシントンⅡ」所属で、太平洋で一連の島嶼攻撃に参加、一九四四年六月十二日にアスリート飛行場への攻撃中に戦死していた。これについて第二七歩兵師団はとくに反対しなかったが、陸軍兵士たちはこの決定を腹立たしく思った。あのいまいましい海兵隊のみならず、海軍までが陸軍を愚弄するのは許せないという声も聞かれた。

第五両用戦軍団の司令官ホーランド・M・スミス中将は、島の北部で痩せ細る日本軍守備隊をできるだけ早く消し去りたかった。上陸作戦開始からすでに二週間が経過、日本軍はもう疲弊しきっている。サイパン島の戦いはもう決着をつける時期だ。太平洋戦線での日本軍との戦いはまだ先がある。マリアナ諸島を手中におさめたら、次に小笠原諸島と南西諸島を攻略し、日本を敗戦へと追い込まなくてはならない。

日本軍の本隊に置き去りにされ、数百人が自決したドンニイの陸軍野戦病院とは違い、アメリカ軍では負傷者を治療する態勢が整っていた。サイパン島攻略作戦に参加した艦船のなかに、「ソーレス」「リリーフ」「サマリタン」「バウンティフル」の四隻の病院船がいた。病院船は純白の船体に緑色の線が水平に引かれ、船体中央に大きな赤十字が描かれている。病院船に対する攻撃は国際法で禁止されているが、その代わり兵站・通信を含む軍と関係する活動はいっさい禁じられており、兵士に家族からの郵便物をわたすこともできない。病院船には医療従事者として軍医と看護師、海軍医療隊の衛生兵が乗り込んでいた。

戦場で負傷したアメリカ兵は、チャランカノア海岸に設置された救護所に運ばれ、応急手当を受けた。重傷者はＬＶＴ（水陸両用装軌車）に乗せられ、沖合に停泊している四隻の病院船のいずれかに運ばれ、さらに治療された。四隻の病院船は、定期的に患者たちをガダルカナル島やハワイの病院へ運んだ。病院船に収容された負傷兵が死亡することは、かなり少なかった。「ソーレス」は、ガダルカナル島へ五八三人の患者を運んだが、その航行途上で亡くなったのは六人だけだった。

七月二日、第二海兵師団、第四海兵師団、そして第二七歩兵師団がほぼ横に並んだ。これで島の北部に対する攻略を開始することができる。ホーランド・Ｍ・スミス中将は、サイパン島攻略が最終段階に至ったと実感した。

一方、「地獄谷」の日本軍守備隊の合同司令部は、掌握できる残存兵力で最後の攻撃にでる覚悟を決めた。この局面での総攻撃、兵力の全力投入とは「玉砕攻撃」を意味していた。攻撃の目標は「地獄谷」から二キロメートルほどの距離にあるタナパグ近郊のアメリカ軍拠点だった。

六月二十九日にマタンシャ近郊の谷に戻った大場栄大尉は、痛々しい負傷者であふれる洞窟の救護所にいた。相変わらず医薬品も食糧もなにもかもが不足していた。アメリカ軍の砲撃や空爆の音が、一日ごとに迫って来るのを誰もが感じていた。七月三日、彼の部隊にも「地獄谷」の合同司令部から集結命令が届いた。今度の目的地は、西海岸の町マタンシャだった。それは西へ一キロメートルの距離ですぐ近くだった。第四三師団長の斎藤義次中将の命令では、総攻撃は四日後の七月七日未明とあった。

大場栄大尉の救護所には、歩くことのできない大勢の負傷者がいる。それらの者はここに置いていくしかない。彼らは数人に一個の手榴弾を渡され、それで自決を遂げる運命にある。彼は部下に命じ、部隊移動の準備をさせた。

「地獄谷」が日本軍守備隊の最後の牙城と知ったアメリカ軍は、「地獄谷」に海兵隊を侵攻させる前に、いつものように徹底的な砲撃と空爆を始めた。七月四日朝、洞窟にある合同司令部は、猛烈な砲撃を受けた。渓谷に、放物線をえがいて数百発の砲弾が落下してきた。自然の要塞といえるほど洞窟は頑強だったが、入り口で炸裂した弾殻の破片が内部にいた将兵を襲った。第三一軍参謀の伊藤盛逸大佐が死亡し、第四三師団長の斎藤義次中将も破片で負傷した。

廃墟となった西海岸の町ガラパンは、海軍部隊、西山集成大隊などが一部の地域を支配していたが、第二海兵師団がそれを圧倒的な火力で撃退した。海岸では、第二装甲水陸上陸大隊（2d Armored Amphibian Battalion）のＬＶＴ（Ａ—1）「アムタンク」の強力な速射砲が、高台や岬にたてこもる日本軍に容赦のない砲撃をくわえた。第二海兵師団は、西海岸の町タナパクの南まで到達した。二二一高地に第四海兵師団が姿をあらわした。そこは斎藤義次中将の合同司令部のある「地獄谷」へわずか一キロメートルの距離だった。

この間、日本軍はガラパンの北の最終防衛線まで後退しつつあった。これまでの二週間の戦闘は日本軍の兵力・大砲・戦車を粉砕したのみならず、その食糧をも枯渇させた。日本兵は草や木の皮を食べてしのいでいた。

上陸開始から二十一日目の七月五日、「地獄谷」の合同司令部は、ガラパンへの最後の総攻撃を決定する。第三一軍の参謀長井桁敬治少将は大本営に「我ら玉砕をもって太平洋の防波堤たらんとす」という訣別電を発信した。七月七日未明とした最後の総攻撃は、全員討ち死にする「玉砕攻撃」を意味していた。第四三師団の斎藤義次中将、中部太平洋方面艦隊（海軍陸戦部隊）の南雲忠一中将は、連名でこの攻撃命令を各部隊に発した。

中部太平洋方面艦隊司令官の南雲忠一中将。開戦劈頭、空母機動部隊を率い真珠湾攻撃を成功させたが、ミッドウェー海戦で敗北、最後は艦を降り、海軍の陸戦部隊などとともにサイパン島で自決した。

サイパン島の南部から北上を続けたアメリカ軍は、このとき島の七割をすでに制圧していた。左翼に第二海兵師団、右翼に第四海兵師団という前線をつくっていた。ホーランド・M・スミス中将は、サイパンの戦いの終了後を考え、第二海兵師団を隣の島テニアンの攻撃のために休養させることにした。そこで第二海兵師団を予備部隊に編入、陸軍第二七歩兵師団がその代わりを務め左翼におさまった。七月五日、「O－9ライン」に第四海兵師団は到達した。アメリカ軍上陸部隊の最終目標ラインは、「O－10ライン」である。「O－9ライン」に海兵隊が到達したことで、サイパン島の「略奪作戦」（Operation FORAGER）は最終局面を迎えた。

第二四海兵連隊（第四海兵師団）第一大隊のフレデリック・A・スコット中尉は、島の北部東海岸で日本軍を追いつめていた。いつものように山砲大隊の激しい砲撃がおこなわれた後に、歩兵部隊が進んだ。多くの日本兵は、アメリカ軍の歩兵隊と銃撃戦を交える前に砲弾の炸裂にやられ、切り裂かれ血だらけで岩場や地面に転がっていた。絶壁がそびえる東海岸にはいくつもの洞窟があった。民間人を殺してはならないとの命令があったが、そのために攻撃を躊躇するのは命取りだ。最初に火炎放射器を使用し、深い洞窟であれば、次に工兵が入口に爆薬をしかけ洞窟もろとも吹き飛ばした。

日本兵と民間人が行動をともにしていることも珍しくなかった。民間人だけでいるより、日本兵と一緒にいるほうがはるかに危険だった。そのことを人びとは知らなかった。また日本兵は、民間人が投降することを許さなかった。投降する民間人のなかには、夜行動をともにする日本兵に気づかれないように洞窟を抜けだし、朝になってアメリカ軍の野営地に姿をあらわす者たちもいた。

敗北すなわち死

七月六日、海兵隊に遅れて進撃する第二七歩兵師団は、西海岸の町タナパクとマタンシャ地域を掃討した。しかし日本軍の激しい抵抗にそれ以上は前進できなかった。一方、第四海兵師団は、合同司令部がある「地獄谷」の西の高地にでた。

合同司令部では、この日一〇時〇〇分、「玉砕攻撃」の前に高級将校たちが自らの命を絶った。第三一軍の参謀長井桁敬治少将、第四三師団の斎藤義次中将、中部太平洋方面艦隊の南雲忠一中将が自決した。斎藤中将は、皇居のある北東を向き「天皇陛下、万歳！」と叫び、切腹すると副官が拳銃で頭を撃った。他にも数名の参謀が、彼らに続き自決した（司令部将校の最期については諸説がある）。

高級将校たちは最後の総攻撃である「玉砕攻撃」の指揮をとらず、なぜ死に急いだのだろうか。サイパン島を攻略された責任をとってのことだとされるが、それは大本営を含む日本軍全体の責任だった。数千名の日本兵に「玉砕攻撃」という自殺的総攻撃を命じ、そのさきがけとして最高司令官が自ら死の範を示したという説明も、今の私たちには理解できない。当時、ヨーロッパ戦線では捕虜は保護されることが知られていたし、優れた指揮官は部下を無意味に死なすことを避けた。

日没とともに、自決した将校の遺体は火葬された。「玉砕攻撃」のための集結は、合同司令部から各部隊に伝えられたが、海軍部隊には「玉砕攻撃」に反対する将校たちがいた。前日の七月五日に連合艦隊から中部太平洋方面艦隊宛の電信「益々奮戦極力持久ノ途……」があり、それは明らかに持久戦を命じていた。中部太平洋方面艦隊参謀の葦名三郎少佐は、北へ後退して最後まで戦うと主張した。しかし第四三師団参謀長の鈴木卓爾大佐は、最後の総攻撃（「玉砕攻撃」）はすでに決定ずみと耳をかさなかった。結局、合同司令部からの部隊の集結命令はそのままとなったが、海軍部隊は一部非公式に徹底抗戦を兵士たちに伝えた。

ホーランド・M・スミス中将は、過去の島嶼攻略作戦の経験からサイパン島でも「玉砕攻撃」の時期がついにやってきたと確信した。島を守る日本軍は降伏しない。最期は自殺的で無謀な「玉砕攻撃」で、幕引きをしようとする。「玉砕攻撃」はアメリカ軍にとっても好都合だった。延々と持久戦が続き、密林や洞窟で危険な「日本兵狩り」や「洞窟つぶし」となるより、「玉砕攻撃」で大勢の日本兵を一夜で消し去るほうがずっといい。しかし「玉砕攻撃」で突進してくる日本兵は恐れを知らない狂気の集団だ。アメリカ軍にも当然に戦死者はでる。それは、おそらく日本兵の戦死者の何分の一かだろうが、戦死するアメリカ兵は最小限にとどめなくてはならない。

スミス中将は、すべての部隊に警戒するように命じ、第二七歩兵師団のジョージ・W・グリナー少将を訪問し、タナパクの海岸で日本軍の「玉砕攻撃」が起こる可能性を強調した。

西の海に停泊するアメリカ軍艦艇から発射される照明弾が、大場栄大尉の率いる部隊が進む山道を青白く照らした。彼らは「地獄谷」の合同司令部が命じた集結地のマタンシャ近郊に、まもなく到達する。このときも移動はやはり夜間だった。昼間に行動すれば、上空からアメリカ軍偵察機に発見され、激しい空爆にやられることはすでに経験ずみだった。大場大尉は、救護所の洞窟に置き去りにした重傷者たちが気がかりだった。しかし数時間後の「玉砕攻撃」で、自分たちのほうが彼らより先に死ぬことになるだろうと考えた。

「玉砕攻撃」は作戦などとは呼べない、そう大場大尉は考えた。そこには状況分析や戦術などなかった。とうてい勝算のない戦闘だから、それらのすべてを無視している。司令官は部下に対する責任を放棄し、自らの命を絶ち、全兵士にそれを強要する。しかし強い不満を心に抱きながらも大場大尉は、軍人である自分は上からの命令を忠実に実行し、その結果が死であるとしたら、それも本望と心をきめていた。

大場栄大尉の部隊には、途中、自分の部隊を見失い、あるいは部隊そのものが壊滅して身の置き場のない日本兵が参加を求めてきた。大場大尉はすべての者を受け入れたが、小銃その他の武器を持たない者も多かった。彼の部隊はもちろん、おそらく集結地にも武器の余裕はないだろう。大場大尉の部隊は、救護所を出発したときには五〇人ほどだったが、集結地につくまでに八〇人以上に増えていた。

山道を進む民間人の集団も、部隊に同行するのを願い出た。大場大尉は、「われわれは死ににに行くのだから」と断り、民間人は北へ逃げるように言った。

集結場所には他に大勢の兵士たちが集まっていた。大場大尉は、彼の直接の指揮官である北部地区警備隊花井少佐を捜したが、やはりその消息は不明だった。兵士たちは地面に腰を下ろし、「玉砕攻撃」で潔く死ぬことや、最期の最期にアメリカ兵を何人か殺してやると息巻いている。そのなかに大場大尉は、聞き捨てにできない言葉を耳にし、はっとした。それは車座になって若い兵士たちに囲まれた下士官が口にした。

「われわれは死に急ぐべきではない。未明の総攻撃の命令は疑わしい」

「なんだと。貴様何を言うか!」

思わず大場大尉は、声を荒げてその下士官に詰め寄った。周りの兵士たちが、わきにどいて道をあけた。下士官はすっと立ち上がると「大尉殿!」と言って、大場大尉に敬礼した。

大場大尉は、これまで経験したことがないほどの怒りがこみ上げていた。実は、それは彼自身も心に抑え込んでいた理不尽な玉砕命令に対するものだったが、彼はかなり後になってそのことを理解した。

「それはいったい、どういうことか!」

と大場大尉は、その下士官に詰め寄った。

「大尉殿。自分は昨日、地獄谷の合同司令部に伝令にいきましたところ、海軍士官に呼び止められました。海軍陸戦部隊は、明日の総攻撃には加わらない。海軍陸戦隊は、あくまでも徹底抗戦を続け、連合艦隊を待つとのことです」

「それは正式な決定か？」と大場大尉は問うた。

「いえ、そうではないと思います。しかし自分は……」

「もういい」

それだけ言うと、大場大尉はその場を去った。まるで上官らしからぬ態度だった。彼は、玉砕命令の厳守や鉄拳制裁など、周りの兵士たちが予想したどんな対応もせず、ただ背を向けた。若い兵士たちの疑念に何ひとつ答えなかった。内心は死が恐ろしくてたまらない兵士たちに、ゆるぎないひとつの道を確信をもって誇り高く示してやることが、上官の役目だったかもしれない。

「地獄谷」合同司令部では「玉砕攻撃」を決定し、数名の高級将校がすでに自決していたが、海軍陸戦隊では「玉砕攻撃」ではなく、持久戦をすべきとの考えが強かった。陸軍将校に押し切られ、「玉砕攻撃」の決行は各部隊に命じられたが、海軍将校たちは納得していなかった。

夜間、マタンシャ北西の海岸に約三〇〇〇人の日本軍の部隊が集結した。温存されていた海軍陸戦隊の戦車五輌も姿をあらわした。指揮をとるのは、第四三師団の参謀長鈴木卓爾大佐・第三一軍参謀吉田清少佐・第四三師団参謀の平櫛孝中佐だった。この残存日本軍部隊には、サイパン在住の在郷軍人・警防団員・青年団員など民間人も交じっていた。彼らはどうせ死ぬなら、日本軍とともに戦って死ぬことを望む者たちだった。小銃など持たない者は、棒の先に銃剣を縛り付けたり、石斧をこしらえたりして武器とし「玉砕攻撃」に備えた。

この「玉砕攻撃」をアメリカ軍は予期していたし、直前に捕虜とした日本兵に吐かせた情報もあった。この夜、マタンシャに野営する陸軍の第二七歩兵師団と海兵隊は、構築した防御陣地で日本軍の「玉砕攻撃」を待ち構えていた。

七月七日〇三時〇〇分、日本軍の「玉砕攻撃」の準備は、主力部隊がマタンシャ近郊から、その他の部隊が「地獄谷」の南側の丘を起点に開始された。「玉砕攻撃」は「天皇陛下、万歳！」を叫びながら、日本兵の集団が敵軍めがけ突入するため、「バンザイ攻撃」とも呼ばれる。「玉砕」とは文字どおり、“Breaking of the Jewels”と英訳されるが、それだけでは意味するところがわからない。唐の李百薬の書いた歴史書『北齊書』にその起源がある。『北齊書』の一文、「大丈夫寧可玉砕何能瓦全」は、日本語では「立派な男子は潔く死ぬべきであり、瓦として無事に生き延びるより砕けても玉のほうがよい」となる。

東京の戦争指導者たちは、太平洋の島々での守備隊が全滅することを、「玉砕」と表現して美化した。日本軍の作戦や兵站の失敗、支援の不備など、軍令部や参謀本部の責任から国民の目をごまかそうとした。「玉砕」は軍事的宣伝用語で、その実態は、みすてられた島の日本軍部隊の全滅だった。

この夜、スコールがあった。まもなくして空は晴れ上がり、月は明るく島の海岸や廃墟となったマタンシャの市街地を照らしだした。「地獄谷」やマタンシャの東の丘で待機していた日本軍の部隊は、先行する五輛の戦車に続いて動き出した。指揮するのは第四三師団参謀長の鈴木卓爾大佐で、〇四時〇〇分と定められた突撃時刻にあわせ、各部隊は配置へ急いだ。

夜明け前、タナパク北の海兵隊の野営地は、まだ夜の暗闇のなかにあった。昨日の夕暮れ前から長時間の警戒態勢をとっていた海兵隊兵士たちは、機銃陣地のなかで疲れ果てていた。彼らはじっと待っている間、非常な緊張をしいられたからだ。まもなく夜が明ける。もう日本軍の総攻撃はないのだろう。緊張感がとけると睡魔がおそってきた。そのとき、遠くから叫び声が響いてきた。それは大勢の人声で波のうねりのようだった。「……カ、バンザイ!」と聞こえたが、日本兵は「天皇陛下、万歳!」と叫んでいたのだった。機銃陣地のなかで眠っていた兵士は、すぐに傍の兵士にたたき起こされた。機銃の射手が撃発レバーを引くかたい金属音がした。装填手は弾丸がクリップでつながったベルトを支え、足元においた木製の弾薬箱を踏み、その場所を確認した。他の兵士たちは、半自動小銃M1ガーランドの銃身の先端に銃剣を装着した。銃剣を使うような事態にならないことを願ったが、腰の軍用ナイフのケースの留め金も外しておいた。

すぐに日本兵の集団が突入してくると思われた。ふたたび叫び声が聞こえた。その距離は近づいているようだった。緊張が極度に高まり、小銃を握る指が震える。何人かの兵士は十字を切って神の名を口にした。意外なことにまた静寂。しかしその沈黙は、彼らの敵が前進していることを意味していた。

日本軍の小隊を率いる指揮官が、軍刀を振り下ろすと同時に「突撃!」と号令した。第一波の約二〇〇名の日本兵が喊声をあげ、マタンシャの海岸近くに布陣する海兵隊陣地めがけ駆けだした。暗闇のなか突入する日本兵の集団に、機関銃が掃射された。曳光弾の青白い光線が、兵士たちの群れに突き刺さっていく。海兵隊陣地から照明弾が続けざまに空に打ち上げられた。突撃する数百人の日本兵が、闇のなかに姿をあらわした。「バンザイ！」という鋭い叫びが戦場にあふれた。先頭を走る士官は地獄から悪魔を引き連れ、頭上で軍刀を振り回している。それに続く日本兵たちは海兵隊陣地に向け発砲し、胸も張り裂けんばかりに「バンザイ！」を叫び続けていた。

海兵隊の陣地は、迫撃砲と軽機関銃で絶え間なく射撃した。機関銃の弾丸ベルトが次から次に撃ちつくされ、薬莢と給弾クリップが散乱した塹壕は発射薬の匂いが充満した。機銃の射手は右へ左へ照準を変えた。日本兵の身体が機銃陣地の前に積み重なっても、彼らの突進の勢いは衰えない。海兵隊の迫撃砲の筒や軽機関銃の銃身は高温となり、一部が使用できなくなった。

「玉砕攻撃」は、マタンシャ海岸の陸軍部隊をも襲った。警戒態勢をとっていた第一〇五歩兵連隊（第二七歩兵師団）は、照明弾を発射、海岸に続く平地に大勢の日本兵の姿が浮かび上がった。ここでも迫撃砲と機関銃が撃ち込まれた。遮蔽物のない平地を、懸命に地面を蹴り疾走する日本兵は次々と銃弾に倒れていく。戦友の屍を飛び越え、兵士たちはなお走り続けた。数分をおいて第二波、第三波と、ひるむことなく突撃が繰り返された。日本軍は多大な死傷者をだしながら、第一〇五歩兵連隊（第二七歩兵師団）の前衛をついに突破した。

第一〇五歩兵連隊がつくった防衛線を越えた日本兵約四〇〇名は、第一〇五歩兵連隊の指揮所に迫った。前衛をかためていた二つの大隊の間には三〇〇メートルの空白地帯があり、日本兵たちはそこをすり抜けた。第一〇五歩兵連隊の後ろにいた第一〇海兵連隊（第二海兵師団）の山砲大隊に日本兵の集団は襲いかかった。砲手は信管を設定する時間がなかった。また陸軍の第一〇五歩兵連隊が日本兵の背後にいるため、海兵隊の砲兵は大砲を撃てなかった。それでも一〇五ミリ榴弾砲は、砲口を下に向け日本兵の前面に砲弾を撃ち込んだ。押し寄せる日本兵の勢いに海兵隊の砲兵は総崩れとなり、逃げ遅れた兵士たちは全員が殺された。海岸の波打ち際に追いつめられた砲兵たちは、そのまま海に入り、朝になって岩礁の上で上陸用舟艇に助けられた。

混乱する陸軍部隊の救援に、第一〇海兵連隊（第二海兵師団）の第三大隊が駆けつけ、機関銃と小銃を日本兵に連射した。そこで日本軍の突撃の勢いもついえた。敵中に孤立した日本兵たちは、次々とアメリカ兵の銃弾に倒された。

「地獄谷」の南側の山地からマタンシャ西のアメリカ軍陣地に対する小規模の「玉砕攻撃」は、海兵隊の防衛線を突破できず、機銃掃射で全滅した。

日の出からまもなく「玉砕攻撃」は山場を越えた。アメリカ軍は多数のＭ４「シャーマン」を投入し、マタンシャ近郊で突入の機会をうかがう日本軍に砲撃した。当時に混乱した海兵隊と陸軍の部隊を立て直し、防御態勢をかためた。なおも少数の日本兵の集団での「玉砕攻撃」は続けられたが、それは散発的で比較的容易にアメリカ軍に撃退された。アメリカ軍は日本軍の拠点「地獄谷」へ砲撃を始め、海兵隊は残存日本兵を掃討するため「地獄谷」に進撃した。マタンシャと「地獄谷」での戦闘は七月七日の午後まで続いた。「地獄谷」の東と北の山岳地帯には、「玉砕攻撃」で後退した日本軍部隊と、突入の機会を逸した日本兵たちが彷徨っていた。もう彼らに

サイパン島の西海岸の町ガラパンの上空に打ち上げられた照明弾。町の近郊のアメリカ軍陣地に対し日本軍の夜襲がおこなわれている（1944年6月）。

「玉砕攻撃」の後、マタンシャ近郊の海岸線に、おびただしい数の日本兵の遺体が横たわっていた（1944年7月7日）。

命令をだす指揮官も司令部もなかった。
ここに至り、サイパン島の日本軍守備隊の組織的な戦闘は終了した。第五両用戦軍団の総指揮官ホーランド・M・スミス中将は、「玉砕攻撃」を「野蛮な混乱」（Wild Chaos）と表現した。それは死に物狂いの日本兵の「恐るべき肉弾戦」（Fearful Charge of Flesh and Fire）だった。この「玉砕攻撃」を率いたひとり、第四三師団参謀の平櫛孝中佐は、戦闘中にアメリカ軍に捕らえられて生き残り、戦後に『サイパン肉弾戦――玉砕戦から生還した参謀の証言』を著している。

最後の「玉砕攻撃」の集結に遅れ、それに参加できなかった日本兵たちは島の北部にいた。七月八日、第四海兵師団は、それら敗残兵を掃討しながら島北端のマッピ岬に向け、包囲網を狭めていた。ここが「略奪作戦」（Operation FORAGER）の最終段階となる「O－10ライン」だ。この海岸は切り立つ断崖となっていて、多くの洞窟があり、日本兵の生き残りと戦火を逃れてきた多くの民間人が潜伏していた。

七月九日には第二海兵連隊、第二四海兵連隊がマッピ岬で、降伏に応じない日本兵と戦闘をおこなった。この戦闘は午後には終了した。上陸部隊が日本軍を駆逐しながら、島北端のマッピ岬まで到達したことで、この日の一六時一五分、第五両用軍団のホーランド・M・スミス中将は、サイパン島攻略作戦の完了を公式に発表した。しかしなお残存する日本兵は、孤立した小集団となって密林や洞窟に潜み、アメリカ軍はそれらの掃討にかなりの日数をついやすことになる。

サイパン島攻略作戦の終了とともに、第二海兵師団、第四海兵師団が、他の島嶼作戦のため島を離れると、残存日本兵の掃討は、サイパン駐留軍に引き継がれた。もうサイパン島は、アメリカ軍にとって主要な戦場ではなくなった。

大場栄大尉の率いる部隊は、七月七日未明の「玉砕攻撃」で「地獄谷」の南側の山地からアメリカ軍に突撃した。大場大尉の指揮下には、衛生隊所属の部下三六名に途中から参加した約八〇名が加わり一〇〇名以上の中隊規模になっていた。彼らも、他の日本兵と同じように機銃掃射の弾丸が無数に飛んでくる戦場を懸命に走った。機銃と迫撃砲に斃れた同胞の屍を飛び越え、運よくアメリカ軍陣地にたどり着いたら、小銃や拳銃・軍刀でアメリカ兵に襲いかかった。この戦いには作戦も戦術もなかった。硝煙と血の臭い、きらめく曳光弾の青白い光、手榴弾の炸裂で四肢を吹き飛ばされた血まみれのアメリカ兵。日本兵たちは、空に打ち上げられた照明弾の残像が焼きついた網膜に、敵兵の姿をとらえ小銃を撃ちまくった。連続する炸裂音と爆風、兵士の叫び声、その狂気の戦場では、誰も正気のままではいられない。この戦いは、まるで自らが死ぬことを最大の目的としているかのようだった。

敵陣に突入した少数の日本兵は、弾丸に射抜かれることなくアメリカ軍陣地を通り過ぎ、いつの間にか戦線を離脱していた。大場栄大尉は一二人の部下とともに、気がついたらアメリカ軍の背後の林に出ていた。砲撃や銃撃の音は、海岸の方向から絶え間なく響いている。日本軍の「玉砕攻撃」はまだ続いている。大場大尉は、敵に背後から攻撃をかけることを考えた。しかし部下たちの小銃の弾丸は残りわずかだ。ふたたび突入すれば、アメリカ兵を何人か倒せるが、まちがいなく彼も彼の部下も死ぬ。犬死にはいやだ。玉砕攻撃後、傷ついた兵を再び死地においこむには忍びなかった。大場大尉は、部下を引き連れ撤退することを即断した。自分たちはよく戦い、幸運にも死線を越えた。いずれふたたび戦場に立ち、死に場所をみつけるべきだ。そう彼は考えていた。

大場栄大尉は一二人の部下とともに、密林に入り南へ向かった。ここまで北上してきたアメリカ軍は、そのまま大兵力で前線をかため、島北端のマッピ岬を包囲するだろう。北へ向かったらアメリカ軍に掃討される。しかしアメリカ軍の背後、つまり南側の地域にはアメリカ軍の大兵力はいない。すでにアメリカ軍が支配した地域のほうが、敵に発見される危険性は低い。大場大尉はそう判断した。

翌七月八日、山中を南へ向かう大場大尉らは、タナパクの南、「築港の沢」付近で他の日本軍部隊と遭遇した。意外にもこれは、かなりの兵力だった。この日本軍の部隊は、独立山砲第三連隊の生き残り約一〇〇人だった。砲はすでに喪失し、野営しながら山中に潜んでいた。砲をもたない砲兵たちは、すでに戦意を失っているようにみえた。大場大尉はこの連隊の指揮官のところに案内され、日本軍守備隊の「玉砕攻撃」の様子など聞かれた。やはりその指揮官も、これから自分たちがどうするべきかを決めかねていた。孤立していた大場大尉ら一三人は、独立山砲第三連隊の野営地に留まることにした。

七月八日の夜、前日の「玉砕攻撃」の生き残りと、その集結に遅れた日本軍部隊が、ふたたびマタンシャのアメリカ軍の拠点を目標に「玉砕攻撃」をおこなった。この夜の攻撃は、前日よりずっと小規模だった。海兵隊はよく準備された陣地からの砲撃と機銃掃射で、前日のように防衛線を突破されることなく容易に日本軍部隊を撃退した。

アメリカ軍は、サイパン島からの兵力の削減を始めた。第二七歩兵師団は第一〇五歩兵連隊を残し、他は予備軍に入って島から撤収した。島北端のマッピ岬では、第一〇五歩兵連隊と第二海兵師団が日本軍の少数の残存兵力を制圧した。この岬の断崖では、大勢の民間人の投身自殺がおこなわれた。追いつめられた人びとは、「玉砕攻撃」で突入した日本兵と同じように、「天皇陛下、万歳！」を叫びながら、絶壁から海に飛び込んだ。その悲劇的な行為を目の当たりにしたアメリカ兵は、マッピ岬の断崖を「バンザイクリフ」と呼ぶようになった。

アメリカ兵たちは、島の北の海岸づたいの異様な光景に驚いた。磯や岩場に、数えきれないほどの遺体が波とともに打ち寄せられていたからだ。海鳥がそれらの肉をついばみ、岩礁に乗り上げた屍は真っ黒に見えた。近くにいくと、息がつまるほどの強い腐敗臭が漂い、無数のハエで遺体が覆いつくされていた。日本兵や民間人の男女・子どもたち数百人の変わり果てた姿だった。

マッピ岬まで逃れてきた日本兵や民間人には、まちがいなく生きのびる道があった。ヨーロッパ戦線では捕虜は、市民はもちろん兵士も保護されることが知られていた。しかし日本軍では

「生きて虜囚の辱めを受けず」という「戦陣訓」が投降を禁じていたし、捕虜となることは日本国民としてもっとも恥ずべきことと教え込まれていた。しかし民間人の自殺は、愛国心や忠義とはあまり関係がなかった。「残虐非道な鬼畜米英」は、男を拷問し女を凌辱してから殺すと信じられていたからだ。島の日本軍がアメリカ軍に殲滅され、大勢の民間人は自ら死を選んだ。島北部の断崖から海への投身自殺が、アメリカ軍の説得にもかかわらず繰り返された。断崖から身を投げることができず、岩場を海岸まで降り、溺れ死ぬために海のなかへ入っていく人びともいた。

日本軍守備隊の「玉砕攻撃」後、生き残った日本兵は、海兵隊に無謀な自殺的攻撃をしかけ戦死、あるいは洞窟や海岸での切腹など、死に方はさまざまだった。サイパン島での日本兵や民間人のおびただしい死は、アメリカの従軍記者に撮影され、雑誌『タイム』に載り、世界中の人びとに衝撃をあたえた。他国の人びとは、おもだった戦闘が終結した後になって、自らの命を絶つ日本人の行動を理解できなかった。

民間人は、日本兵と一緒にいたために悲惨な結末となった場合もあった。「残虐非道な鬼畜米英」を信じる日本兵は、アメリカ兵に殺される運命にある民間人を楽に死なせることが正しいと疑わなかった。彼らは、人びとの集団を銃撃したり、わが子を殺すことができない母親の代わりに子どもを取り上げ崖から放り投げたりもした。一部の日本兵は彼自身が非情な鬼となることで、人びとの苦痛を和らげることになると信じていた。しかし、それは悲劇的な思い違いだった。

第四海兵師団のスコット中尉は、部下とともにマッピ岬の海岸で掃討作戦の任務についていた。

狙撃兵に対する警戒はまだ必要だが、すでに日本軍の大きな抵抗はなかった。彼の小隊は、人びとが隠れている洞窟を見つけた。同行していた日系アメリカ人のアメリカ兵が、民間人たちに洞窟から出てくるように呼びかけた。日本語で、アメリカ軍は民間人を傷つけることはけっしてしないと説得した。しばらく反応はなかったが、辛抱づよく待つとようやく人びとは洞窟から姿をあらわした。夫婦らしき男女、子ども、そうした民間人に混じって戦闘服の日本兵がいた。日本兵は小銃を海兵隊兵士に向けていた。スコット中尉の部下たちは、その日本兵に照準し射撃姿勢をとった。彼は部下に射撃許可を求められたが、待つように命じた。

人びとの先頭をゆっくり歩く日本兵が、日章旗をかざし歌い始めた。それは、おそらく日本の国歌だった。日本兵は興奮し、感情の高ぶりが悲痛な歌声でわかった。短い歌が終わると、驚いたことに、男たちが海に向かって崖から飛び降り始めた。「テンノウヘイカ、バンザーイ！」という叫び声が断崖に吸い込まれていく。数人の男たちが飛び降り、あとに残された女や子どもたちは、その場で動けなくなっていた。スコット中尉は、この人たちだけは助けなくてはと強い思いにかられた。彼は、茫然としている日系の海兵隊兵士に説得を命じた。その瞬間、近くの岩場にいた日本兵が、手榴弾を人びとのなかに投げ込んだ。女性の悲鳴が聞かれ、手榴弾は岩の上を数回、小さく跳ねてから炸裂した。海兵隊兵士たちは反射的にその場に伏せた。

小銃の連射音が、スコット中尉のすぐそばで響いた。彼の部下は、その日本兵を射殺することに躊躇しなかった。手榴弾が炸裂した場所には、四肢が吹き飛ばされた女や子どもが、血を噴き

洞窟から赤ん坊を見つけてきたアメリカ兵（1944年6月）。

サイパン島の密林で、子ども連れのチャモロ人女性を保護するアメリカ兵（1944年6月）。

出し苦痛の声をあげている。血や肉片が、彼の近くにまで飛び散っていた。スコット中尉は、衛生兵の名を大声で叫んだ。

スコット中尉と彼の小隊は、この島で勇敢に戦った。大隊長は、彼らに勲章の授与の申請をしていた。スコット中尉は、その勲章を軍服の胸につけ、家族の待つ故郷に凱旋するのを楽しみにしていた。だが、もうそんなことなど、どうでもいいように彼は感じていた。

一九四四年七月九日、アメリカ軍はサイパン島攻略作戦の完了を宣言した。戦死者数については諸説があり、確定させるのは無理であるが、おおむね次のようである。

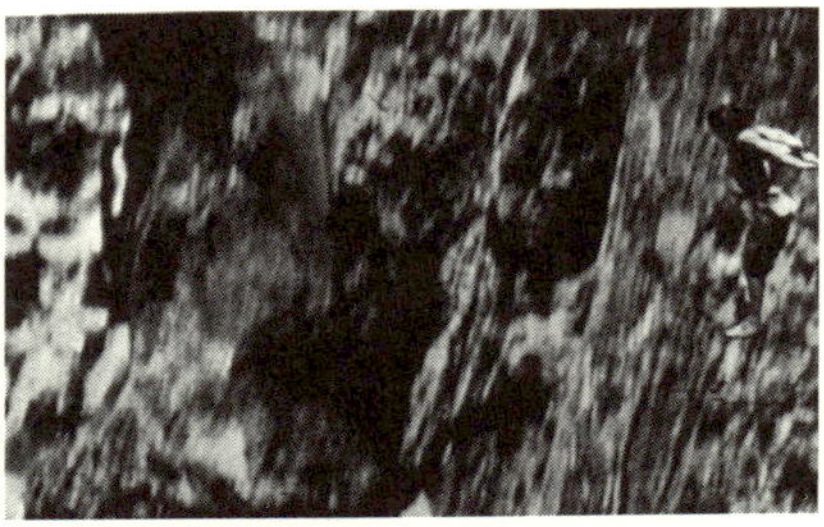
マッピ岬での投身自殺。画面の右端に飛び降りた日本人女性の姿が見える（1944年7月）。

日本軍守備隊は、陸軍の死者が二万三九七〇名（サイパン島に移動中の海没二二七四名を含めない）、海軍のそれは、約六〇〇〇名。合計約二万九九七〇名。アメリカ軍上陸前、斎藤義次中将の第四三師団、岡芳郎大佐の独立混成第四七旅団、その他の連隊などの日本軍の総兵力は、陸軍二万八五一八名、海軍三一一一名の合計三万一六二九名で、実に九割以上が戦死または自決を遂げている。戦死のなかには当初、多くの行方不明者が含まれていたが、それは後に戦死者として扱われた。

日本兵の生存者は、ここに示した数字では約一六五九名で、このうち島北部にアメリカ軍が設

死亡した男性と傍らの子ども。男性が日本兵か民間人であるのか、また子どもが生きているかどうかは、写真からはわからない（1944年7月）。

アメリカ軍の呼びかけで、姿をあらわした民間人たち。彼らは２週間以上の逃避行の後、マッピ岬でアメリカ軍に保護された（1944年7月）。

けた軍人捕虜収容所にいたのは九二一人だった。他は、民間人の収容所に身元を隠して入っていた者もいたが、正確にはわからない。

それに対しアメリカ軍の戦死者は、海兵隊が二三八二名、陸軍が一〇五九名の合計三四四一名である。

アメリカ軍は、艦砲射撃と空爆という圧倒的な火力で、多くの日本兵を戦死させた。日本側は、日本兵にくわえ、大勢の民間人がその犠牲になった。日本人民間人の死亡者数もはっきりとはしないが、八〇〇〇人から一万人がアメリカ軍の艦砲射撃・空爆・山砲の砲撃、そして七月以降の自殺で亡くなっている。その他に島の先住民チャモロ人やカナカ人、朝鮮人・台湾人が、サイパン島の戦いで命をおとした。

アメリカ軍に保護された民間人たち。海兵隊のＬＶＴ（水陸両用装軌車）の陰で、休息している（1944年7月）。

「地獄谷」の日本軍を制圧したアメリカ軍は、日本軍守備隊の最後の司令部に残されていた日本軍将校の遺体を日章旗とともに埋葬した（1944年7月）。

第五章　大場栄大尉の戦い

生きて戦う道を

マリアナ諸島のサイパン島を失ったことで、日本の生命線とされた絶対国防圏は崩壊した。東京の戦争指導者がもっとも懸念したのは、長距離戦略爆撃機B－29がサイパン島を含むマリアナ諸島に配備され、日本本土が空襲を受けることだった。もうサイパン島奪回は不可能としてもアメリカ軍の本土空襲を妨害する攻撃は、硫黄島などの航空基地から続けることになった。しかし航空兵力が枯渇した日本軍の状況で、その効果には明らかに限界があった。

陸海軍の航空機による硫黄島からの攻撃は、一九四四年末まで散発的に実施された。攻撃目標は、島の南部のイスリー飛行場だった。しかし一九四五年三月、硫黄島が陥落、その前にサイパン島への攻撃はできなくなった。イスリー飛行場は駐機場ならびに滑走路が拡張され、大型航空

イスリー飛行場（アスリート飛行場）。B－29「スーパーフォートレス」に搭載される陸用爆弾の点検。

機の補修整備のための建物や弾薬庫などが建設された。機械化された土木工事で、アメリカ軍は短期間のうちに航空基地を整備し、百機以上のB－29「スーパーフォートレス」を運用するアメリカ陸軍の航空部隊が駐留する準備を急いだ。

「玉砕攻撃」の翌日の七月八日以降、大場栄大尉以下一三人は南へ向かう山中で、独立山砲第三連隊の生き残りの部隊と合流した。彼らはタナパクの西、「築港の谷」付近に留まっていた。その二日後の七月十日、その地域で大規模なアメリカ軍の掃討作戦が始まった。独立山砲第三連隊の野営地は、海兵隊の偵察で発見されていたのだ。砲をもたない砲兵は、歩兵としての訓練は不充分で機関銃も小銃の装備もわずかだった。日本兵たちは、まったく戦闘の用意ができていなかった。強力な野砲大隊をもつ海兵隊を相手にほとんど抵抗できず、独立山砲第三連隊の多くの兵士が死んだ。このとき、大場栄大尉の部下七人が戦死した。

日本軍の残存兵力を痛めつけた海兵隊部隊は、日暮れ前に撤収した。谷や林には数十人の日本兵の死体が、無残にころがっていた。その多くは逃げる途中に銃撃され命をおとした。夕刻、太陽の陽射しが遮られ薄暗くなった谷間では、生き残った者たちが周囲を警戒しながら密林から出てきた。敗残兵たちは、大場大尉のもとに一人二人と集まってきた。大場部隊での生き残りは、岩田・佐野・平岩・鈴木ら一等兵と久野伍長の五人だけだった。生き残った日本兵のなかで大場大尉の階級が一番上だったため、自然に彼が皆を指揮する立場になった。一〇〇人以上いた独立山砲第三連隊は、半数近くが死んで負傷者が何人もいた。それでも大場大尉の指揮下、衛生隊のもともとの部下を含め約七〇人の部隊ができた。

大場大尉は、再度のアメリカ軍の攻撃に備え、歩哨を周囲に置いた。それから独立山砲第三連隊がもっていた兵器・食糧・食塩などを集めさせた。アメリカ軍が支配するこの島で生き残り、持久戦を戦うため、すべきことはたくさんあった。まず、小さくてもしっかりした軍隊の組織をつくりあげなくてはならない。

アメリカ軍に発見されず、兵力を維持していくには、島のどの地域に潜伏するべきか。アメリカ軍の掃討作戦が続くこの「築港の谷」を離れ、南部のタッポーチョ山周辺へ身を隠すのが最善だと、大場大尉は考えた。その地域の地形は、密林と崖・岩場と複雑で、上空からも発見されにくく、大兵力のアメリカ軍部隊では身動きができない。

独立山砲第三連隊が蓄えていた武器と弾薬・食糧はかなりの量があった。負傷者も運ばなくてはならず、武器と食糧をすべて持って山中を移動するわけにはいかない。適当な洞穴を見つけ、弾薬と保存食をそこに隠しておくことにした。負傷者のために医薬品が足りなかった。もともと衛生隊を率いていた大場大尉だが、この島では常に医薬品が欠乏していた。

移動はもちろん夜だった。負傷者をいれて約七〇人の大場部隊は、暗い山道を南西へ向け歩き出した。「玉砕攻撃」が続いていたときは、アメリカ軍艦艇から頻繁に照明弾が島の上空に打ち上げられていたが、この夜はまったく静かだった。密林では獣や虫の鳴き声だけが響いている。山道を進む兵士たちはシダの葉が覆う夜空に煌々と輝く月を見て、ある者は懐かしい故郷への感慨に浸っていた。

アメリカ軍は危険が高い夜間の掃討作戦をしないが、用心は必要だった。大場大尉は、進路の前方に三人の斥候を先行させた。彼らは前路の安全の確認と地形調査をする。敵の動きがあったら二人をその場に残し、一人が報告のため後続する大場大尉のもとに駆けつける。

次の日の夜、南へ向かう七〇人の大場部隊は、コーヒー山と呼ばれている山裾の谷間に到達した。大場大尉らは、そこで大勢の日本兵と避難民に遭遇して驚いた。その人数はおよそ三〇〇人にもなる。そのなかに歩兵第一三五連隊の木谷敏男曹長がいた。木谷曹長ら日本兵は、最後の「玉砕攻撃」の集結地に向かうことができず、山間部にそのまま留まっていた。司令部もなく、上官もいない状況で彼らもこれからどうするべきか考えあぐねていた。木谷曹長らは大場大尉の部隊への参加を望み、大場大尉は彼らを受け入れた。

コーヒー山でも海兵隊の掃討作戦がおこなわれていた。大場大尉たちはこの数日間の「日本兵狩り」で、何人もの日本兵が射殺された話を聞いた。アメリカ軍の部隊がコーヒー山を登って来ることを、大場部隊の斥候が知らせてきた。敵の数約一五〇人。大場大尉は、谷を見下ろせる場所に建つ家屋で待ち伏せし、反撃することにした。その戦闘は奇襲となったため、斜面を登って来るアメリカ兵は次々と銃弾に倒れた。不利な条件での戦いに、アメリカ兵たちはすぐに撤退した。

銃撃戦の後、コーヒー山の斜面には一七人のアメリカ兵の死体が残された。大場大尉は、アメリカ軍がすぐに態勢を整えてふたたび攻撃してくると予想した。彼らが襲ってくる前に、すみやかに移動しなくてはならない。大場部隊には日本兵と大勢の民間人が加わり、二〇〇人以上の集団となっていた。彼らが急いでコーヒー山を離れ、山道を南へ進んでいるとき、コーヒー山の東の斜面に激しく迫撃砲が撃ち込まれた。アメリカ軍の掃討作戦が始まったのだ。

夜明け前、大場大尉の部隊は、西海岸の町ガラパンが見下ろせる丘に着いた。島でもっとも大きな町だったガラパンは、空爆と砲撃ですっかり廃墟になっていた。その周辺のアメリカ軍の拠点にはテントが数多く張られている。ここにまだ数千人規模の海兵隊が駐屯していた。大場大尉が野営地として選んだ場所は、ガラパンの東一・五キロメートル、通称「タコ山」と呼ばれる丘だった。「タコ山」は熱帯の樹木タコノキ（学術名はパンディナス）に覆われていた。タコノキは、橙色の大きな実をつけ、幾本もの根がつっかい棒のように出て樹木を支えている。タコノキには寄生植物のツタが絡まり、林に入ると見通しも悪く、身を隠すには都合がよかった。

「タコ山」で野営を始めると、周辺の密林に潜んでいた日本兵たちが集まってきた。孤立して生き長らえてきた彼らは大場部隊に加わった。一週間ぐらいで、大場大尉の指揮下の日本兵は約一五〇人にもなってしまった。ここで海軍の神福大尉と永田少尉、そして金原少尉の三人の士官たちと知り合い、大場大尉は心強く感じた。大場大尉は、神福大尉に部隊の総務的な仕事をまかせることにした。永田少尉、金原少尉は、「タコ山」からさほど遠くない山麓でそれぞれ数人の日本兵を率いている。その山麓は、「二番線」と呼ばれていた。二人の少尉は、「二番線」に部下たちとともに留まるが、大場部隊との連携を約束した。

さらに「タコ山」野営地に、密林に潜んでいた避難民たちが姿をあらわした。それは女性三八人、子ども一四人を含む一八四人という大きな集団だった。これら民間の人びとは、大場部隊に保護を求めてきた。大場大尉はすべてを受け入れたが、その結果、兵士一五〇人と合わせ三三〇人以上という大変な人数にふくれあがった。敵の支配地域のなか、大勢の兵士のみならず、民間人に対し、大場栄大尉は責任をもたされる立場となった。

いかにして民間人を守りながら、兵力を維持することが可能か。大場大尉は、神福大尉や部下たちと話し合った。まずは食糧である。もう壊滅してしまった日本軍守備隊は、アメリカ軍の上陸前にかなりの糧秣を数カ所の洞窟に隠していた。軍の食糧の運搬と貯蔵にたずさわった民間人が野営地にいて、その秘密の隠し場所を知っていた。大場大尉らは、彼らの道案内で糧秣の所在を確認した。そして夜間、その搬出を兵士たちの護衛のもとおこなわせた。幸いなことに、洞窟には食糧とともにペニシリンなどの医薬品の蓄えもあった。ガラパンの病院にいたという若い看護婦一人と衛生兵一人が、「タコ山」野営地にいた。これで野営地では、負傷者の治療ができるようになった。

武器は、「築港の谷」でアメリカ軍に襲撃された独立山砲第三連隊が持っていたものと、大場部隊の装備品で、ある程度が確保された。口径七・七ミリ、三〇発の連続射撃ができる九九式軽機関銃が一挺、最大射程距離二八五〇メートルの迫撃砲の九七式曲射歩兵砲が二門、そして日本陸軍定番の三八式歩兵銃四〇挺、十四年式拳銃一五挺。そして戦場あとで拾い集めたアメリカ軍の半自動小銃M1ガーランド一五挺があった。これらに必要な弾薬も、数回の戦闘を戦える量はあった。これで大場部隊の兵士一五〇人の半数以上が武装できた。

とりあえず最低限度必要な食糧と医薬品、武器は確保され、「タコ山」野営地では三三〇人からなる兵士、民間人の共同生活が始まった。彼らの心にあるものはそれぞれだった。大場栄大尉ら兵士たちの目標は、島での持久戦の継続。そして女性や子どもを含む民間人は、自分たちの安全がなんといっても第一だった。戦局のゆくえやアメリカ軍の捕虜に対する処遇など、大場大尉をはじめ「タコ山」にこもる人びとにはなにひとつわからない。このときは敵中に孤立する状況下で、正確な現状分析など不可能だった。大場大尉ら兵士たちは連合艦隊のサイパン島奪回作戦を信じ、女性や子どもたちはアメリカ兵の残酷な行為をなによりも恐れた。

しかしいずれにしても、彼らは玉砕や自殺ではなく生きることを選んだことだけは、はっきりしていた。日本軍守備隊の「玉砕攻撃」やマッピ岬の惨劇からおよそ十日が過ぎ、大場栄大尉とその部下たちの生きるための戦いが始まった。

捕虜になることを、日本兵は禁じられていた。それはもっとも不名誉で恥ずべきことだったが、民間人は残虐非道な「鬼畜米英」に恐怖した。アメリカ兵に捕らえられれば、男は拷問され女は凌辱される。そして最後には確実に殺される。だからこそ、島北端のマッピ岬やタッポーチョ山の断崖では、大勢の人びとが投身自殺をし、日本兵は非情な鬼となり女性や子どもまで殺した。日本の陸軍は、中国大陸で幾多の虐殺をおこなった。占領とは、戦さに負けるとは、そんな運命なのだとの認識が、人びとを自殺にかりたてたという説明もある。しかしそれが、サイパン島での大勢の民間人の自殺をどの程度説明できるかはわからない。

捕虜への拷問や女性に対する暴行は、この島でもあった。戦争は狂気だが、遠くからの砲撃や空からの爆弾投下と、歩兵が戦う陸戦はまったく異なる。兵士たちは銃弾が飛び交い、砲弾が炸裂するなか、泥にまみれ地べたを這いずり回る。恐怖に歪んだ敵の顔が見える白兵戦では、その狂気は人間の教養・知性・慈愛・信仰のすべてを超える。兵士の耳には、鋭い炸裂音のなかに四肢を吹き飛ばされた仲間の苦痛の叫びが、兵士の目には、弾殻で引き裂かれた腹を抱えてうずくまる仲間の姿が焼きつく。敵に対する憎悪や怒り、その抑えがたい感情と人間の野性が、敵国の女性にむけられることもあった。

しかし多くの場合、この島では民間人は保護された。戦場となる前、繁栄したサイパン島には約三万三〇〇〇人以上が生活していたが、戦局の悪化にともない日本への帰国や疎開がおこなわれた。しかし島からの脱出は、アメリカ軍の潜水艦や艦載機の攻撃にはばまれた。アメリカ軍の上陸時、民間人は沖縄出身が八割以上を占める日本人・朝鮮人・台湾人、それと先住民チャモロ人など約二万人だったと推定される。

上陸作戦開始直後からアメリカ軍は島で民間人を見つけると拘束し、西海岸近くに設けた収容所に入れた。日本軍守備隊が壊滅した後の数週間、アメリカ軍が収容した民間人は約一万五〇〇〇人である。その内訳は、日本人一万〇四二四人、朝鮮半島出身者約一三〇〇人、そして先住民のチャモロ人二三五〇人とカナカ人八七五人と記録されている。その他にも台湾人がいた。島にいた日本人の三〇〇〇人から五〇〇〇人が戦火に巻き込まれ死亡、あるいは断崖から身を投じたと思われる。

民間人保護の役割をあたえられたアメリカ兵たちは、自らの危険もかえりみず人びとを救おうと懸命に働いた。それは主に日系アメリカ人だった。日系アメリカ人兵士は、主にヨーロッパ戦線で、ドイツ軍やイタリア軍と戦う部隊に配置されて、日本軍相手の太平洋戦線では少なかった。太平洋戦線における日系アメリカ人兵士のただひとつの有用性は、日本語能力だった。平文での日本軍の無線傍受などが、彼らの主要な仕事とされた。当時、日系アメリカ人は、黒人と同様に軍隊のなかで差別されていた。

第二海兵師団のガイ・ガバルドン一等兵は、南米からの移民で、アメリカで日系人の家族に育てられたので日本語が堪能だった。彼は、日本兵や民間人の隠れている密林や洞窟で辛抱強く説得を続け、兵士を含む一五〇〇人以上の日本人を投降させた。もしガバルドン一等兵の働きがなかったら、このなかの何百人かが自殺を遂げていただろう。

アメリカ軍は島へ上陸すると、最初の支配地域に兵站の拠点をつくり始めたが、その近くに収容所（キャンプ）の場所を確保し、その敷地を有刺鉄線で囲んだ。最大の収容所ススペ・キャンプは、チャランカノアのすぐ北に設けられたが、そこは西側が海岸で東側はススペ湖と沼地になっていた。ここには、日本人・朝鮮人など日本国籍をもつ民間人が収容された。そしてススペ・キャンプの南側にあるチャランカノア・キャンプには、島の先住民のチャモロ人とカナカ人が入れられた。

これらの収容所の民間人約一万五〇〇〇人に水・食糧をあたえ、簡易な住居など最低限度の生活環境を用意するのはアメリカ軍の責任だった。収容所でひとつの町に相当する人びとを管理するのは、アメリカ軍にとって厄介な問題だった。住まいはテントのほかに、廃墟となったチャランカノアやガラパンの町から廃材を運ばせ、収容者の手でつくらせた。また収容者たちを組織し、生活のために必要な仕事を分担させた。収容所の隣にはアメリカ海軍が病院を建て、その職員にはアメリカ海軍の軍医・看護婦のほか、島にいた日本人の医者・看護婦も働くことになった。

捕虜となった日本兵は、島の北端に設置された軍事捕虜収容所に連行された。この収容所は警戒が厳重な軍事拠点のなかにあり、捕虜は厳しい尋問を受けた。

島の南部、西海岸近くに設けられたススペ・キャンプには、日本人、朝鮮人など日本国籍をもつ人びとが収容された（1944年6月）。

大場栄大尉は、「タコ山」で野営生活をする人びとの指導者となっていた。彼は自ら望んでそうなったわけではないが、その責任を果たすためすべきことがたくさんあった。「タコ山」の野営地には女性三八人、子ども一四人を含む民間人が約一八〇人、そして日本兵一五〇人。兵士の半数は、小銃も拳銃も持っていない。兵士たちは、独立山砲第三連隊、歩兵第一八連隊、独立混成第四七旅団などの生き残りだった。

大場大尉は、まず日本兵の組織をしっかりつくりあげ、それを軍隊として機能させることに専念した。周囲の情報を集め適切な判断ができ、アメリカ軍に対し戦闘を含め迅速に対応できなくては、いずれ全員が確実に命をおとすことになる。大場大尉は、彼が信頼するもともとの部下、また彼の部隊に新しく加わった兵士たちから数人を選び指揮班とした。指揮班は軍隊の頭脳で、状況判断をし命令を下す。指揮官は大場栄大尉、木谷敏男曹長が副官、次いで久野伍長、内藤上等兵を久野の補佐とした。

約一八〇人の民間人については、彼らの中心人物と目される小学校の教師を代表とした。大場大尉は彼を通じて人びとの要望を聞き、生活や安全のことを話し合った。炊事班や糧秣搬出班、ひとりの若い看護婦と衛生兵で治療班、兵士とともに警護を担当する警備班などがつくられた。野営地の外での活動は、小銃で武装した兵士の護衛がつけられた。海軍の神福大尉には、「タコ山」野営地全体の生活全般を調整・改善する役割があたえられた。

約一・五キロメートル東にある海岸の町ガラパンには、アメリカ軍（海兵隊）の拠点がある。アメリカ軍に発見されたら、大兵力での掃討作戦がおこなわれるだろう。そうなれば大場大尉ら日本兵たちの運命は明らかだ。野営地の周辺に常時、歩哨をたてることにし、その担当者や交代時間などを決めた。戦闘はできるかぎり避け、日本軍のサイパン島奪回作戦を信じ、そのときまで兵力を維持するという基本方針を指揮班で確認した。

「タコ山」野営地での生活が始まって数日後の夜、大場大尉は部下数人を連れて、東海岸の見える山岳地帯を上っていた。昼間はアメリカ軍の巡察隊に遭遇する可能性があるから、行動はやはり夜だった。深夜、山道を歩いて明け方、タッポーチョ山の東山麓に着いた。水平線にかかる断雲が、水平線の下からの太陽の光で朝焼けのオレンジ色に染まっていた。眼下にはハグマン岬とナフタン岬に囲まれたマジシネ湾が、穏やかに白波をたてて静かな朝を迎えていた。湾上には、数隻のアメリカ軍の艦艇と輸送船が停泊し、煙突の蒸気管から白い湯気を排出している。湾沿いの町ラウラウとツツーランの間に広がる平地には、数百ものテントが立ち並んでいた。

アメリカ軍はサイパン島を支配下においたが、まだかなりの兵力が島に残されていることを大

テニアン島に上陸する海兵隊の兵士たち（1944年７月24日）。

場大尉らは知った。いずれ日本軍がこの島の奪回にやって来たとき、上陸する日本軍を迎撃するアメリカ軍を、自分たちは背後から攻撃できる。そんなことを大場大尉は部下と話し合った。彼は地形を吟味し、迫撃砲や機銃の陣地・塹壕をどう配置すべきかなどを考えていた。

大本営が掲げた絶対国防圏が崩れたのは、サイパン島の日本軍守備隊が壊滅した一九四四年七月七日だった。そして大本営が国民にサイパン島陥落を発表し、東條英機内閣がその責任をとって総辞職したのは七月十八日になってからだ。その後を引き継いだ陸軍の小磯国昭大将は「一億国民総武装」を掲げ、都市ではアメリカ軍の本土空襲にそなえ児童生徒の集団疎開が始まっていた。大本営は、サイパン島の日本軍守備隊は玉砕して全員が戦死、島のすべての日本人は将兵たちと運命をともにしたと発表した。

島の防衛のために命を捨てた日本兵、虜囚の辱めを受けることなく死を選んだ人びとを褒めたたえた。東京の戦争指導者にとって、サイパン島の日本兵や日本人はすべてが死んでいなくてはならなかった。

一九四四年七月二十四日、アメリカ軍は、マリアナ諸島攻略作戦の次の目標としてサイパン島の南五キロメートルにあるテニアン島の上陸作戦を開始した。サイパン島の他にテニアン島、グアム島に長距離戦略爆撃機B-29の基地を建設する計画だった。

一九四四年七月七日と翌日の「玉砕攻撃」に生き残り、あるいはその集結時刻に遅れたのは、大場栄大尉の部隊だけではなかった。残存日本兵たちは、アメリカ軍の拠点に夜襲をかけたり、海兵隊の掃討作戦で火炎放射器に焼き殺されたりした。日本兵は、追いつめられても降伏することは稀だった。海兵隊は民間人に対しては投降を呼びかけたが、日本兵相手では小隊の指揮官は部下の安全のためにも、その殲滅に躊躇しなかった。攻撃にはもっとも確実な方法として、火炎放射器や手榴弾、「かばん型爆薬」(Satchel Charge)が使われた。「玉砕攻撃」後の数週間、洞窟や山岳地帯、海岸の岩場に潜伏していた残存日本兵は次々と死んでいった。

田中徳祐中尉は、合同司令部のあった「地獄谷」にまだ留まっていた。田中中尉も、「玉砕攻撃」に辛くも生き残った数少ない日本兵のひとりだった。「玉砕攻撃」からもう二週間が過ぎようとしていた。田中中尉は、独立混成第四七旅団、歩兵第四〇連隊第三大隊本部附の士官で、日本兵十数人が彼に従っていた。七月中旬まで「地獄谷」では、アメリカ軍の徹底的な掃討作戦が

戦死した日本兵が身につけていた日章旗を手に入れた海兵隊兵士たち（1944年7月）。

おこなわれ、大勢の残存日本兵が死んだ。このころ、ようやく攻撃が沈静化しつつあった。日本兵たちは、いくつかの集団となって岩場や密林に分散し、互いに連絡をとりあっていた。

田中中尉は、他の集団からの信じられない話を聞いた。それは、タッポーチョ山に生き残りの日本兵一〇〇人以上が集結しているというのだ。それは中隊規模の部隊だ。島の最高峰タッポーチョ山は、日本軍守備隊の要所で歩兵第一三五連隊が山頂で最後まで奮戦、六月中旬に同連隊が全滅、アメリカ軍の手に落ちたはずだった。しかしタッポーチョ山周辺の山地・崖や岩場・そして密林が覆う丘陵地帯に、日本兵が生き長らえていたとしても不思議ではない。アメリカ軍の「日本兵狩り」や「洞窟つぶし」も山場を越したようだ。この島で持久戦を続けるとしたら、タッポーチョ山周辺は戦うのに有利な地形だし、隠れ場所もふんだんにある。そう考えた田中中尉は、タッポーチョ山周辺へ部下とともに南下することに決めた。

七月二十五日の深夜、田中徳祐中尉の部隊は「地獄谷」を出た。島の北部の激戦地だった「地獄谷」には、兵士たちの屍がいたるところに放置されたままで、それらはすべてが日本兵のものだった。アメリカ兵の遺体は、アメリカ軍によって谷からすでに運び出されていた。戦闘に勝利し余裕のうまれたアメリカ兵のなかには、日本兵の遺体からの記念品探しに夢中になる者もいた。日章旗や指輪、士官の装備品である軍刀や拳銃、そうした品々が人気だった。故郷で出征する日本兵に贈られた日章旗には、家族や友人たちが書いた武運や生還を願う言葉がいっぱいだった。こうした戦場の記念品は、アメリカ本国へ持ち帰られコレクターの間で売り買いされた。

明らかに物色された日本兵の遺体を見て、田中中尉たちは激しい怒りにかられた。ひとりの兵士は、「ちくしょう！」と言って、地面に唾を吐いた。岩だらけの渓谷を抜け、密林地帯の藪をかき分け、田中中尉の部隊は周囲を警戒しながら南へ向かった。激戦のあった二二二高地の下の谷間を進み、日本軍の無線電信所を迂回し、東海岸の町ドンニイから遠くない山麓に到着するのに二日かかった。ちょうど夜が明ける時刻だった。樹木が密生して見通しはきかないが、早朝のひんやりとした空気の中に、人声と人びとの気配があった。

その場所は、タッポーチョ山の南東約二キロメートルにあった。田中徳祐中尉の驚いたことには、何人もの日本兵や避難民たちが集まっていた。全部で五〇人ほどの人数だった。彼らは昼

残存日本兵の掃討作戦「日本兵狩り」。密林での戦いは続く。海兵隊兵士は、火炎放射器と半自動小銃M１ガーランドで武装している（1944年7月）。

間、洞窟や岩陰、森に隠れていて、夜ここに食糧を持ち寄ってきて炊事するという。夜通し歩いてきた田中中尉の部隊は、近くの岩場に適当な場所を見つけ、交代で歩哨をたてて眠ることにした。日中、ときどき上空を飛行するアメリカ軍機のエンジン音が聞こえてきた。アメリカ軍は島の飛行場から小型機を飛ばし、空から日本兵を捜していた。枝が大きく張り出したガジュマルの樹木が、葉で厚い天蓋をつくり、田中中尉たちの姿を隠してくれていた。

夜になってから、田中徳祐中尉は部下たちとともに、人びとの集まる場所に戻って来た。炊事の炎が外から見られないように、板きれで囲って数人が米を炊いていた。ひとりの日本兵は、田中中尉たちに薄いスープをすすめた。彼の話では、鍋や釜は山中にある家屋から持ち出して来たという。田中中尉は日本兵たちから、この付近ではアメリカ軍の掃討が最近おこなわれなくなったこと、タッポーチョ山の南の「タコ山」には大場大尉が率いる部隊がいることなどを聞いた。田中中尉の部隊は、しばらくここに留まり島の情報を集めながら様子をみることにした。

それから一週間、田中中尉の部隊は野営を続けていたが、食糧が一番の問題だった。最初は、少しばかりであるが他の兵士や民間人が食糧を分けてくれた。しかし皆が食べ物に苦労しているときに、もらってばかりではいられない。昼間、高台からドンニイの海岸を見ると、アメリカ軍の駐屯地にテントがいくつも張られていた。アメリカ軍だったら食糧を山のように持っているに違いない。

田中中尉は部下を引き連れて、深夜にアメリカ軍の駐屯地に潜入、食糧を徴発することにした。徴発といっても早い話、盗み出すことだが、それを島の日本兵たちは「徴発」と言っていた。このままでは戦死する前に、飢えで皆が死んでしまう。なりふりかまってはいられない。田中中尉は、危険な状況以外、絶対に発砲しないようにと部下に念をおした。深夜のアメリカ軍駐屯地の警備は手薄だった。境界の有刺鉄線をくぐり抜け、敷地内に忍び込むのは容易だった。しばらくして、食糧が積まれているテントをみつけた。深夜、食糧に見張りがついているようなことはなかった。田中中尉たちは、麻袋に缶詰や乾燥食糧を詰め込んで、意気揚々と野営地に引き上げた。それを人びとに分け与えると、田中中尉たちは英雄のように扱われた。

サイパン島から五キロメートル南のテニアン島では、七月二十四日に上陸作戦が開始、それ以降、砲撃や爆撃音がさかんに聞こえていた。しかし一九四四年七月が終わり、八月の上旬になると静かになった。サイパン島の日本兵たちは、テニアン島もアメリカ軍の手に落ちたと想像した。事実、一九四四年八月二日にテニアン島が、八月十日にはグアム島が陥落し、いずれの島でも日本軍守備隊はわずかな兵士を残し全滅した。

タコ山野営地の人びと

「タコ山」野営地の大場栄大尉の部隊と民間人たちは、大きな危険を経験することなく日々を過ごし、もう九月になろうとしていた。島の日本軍守備隊の玉砕から、すでに二カ月である。緊張した出来事といえば、洞窟から日本軍の食糧を運ぶために出かけた民間人二人が、アメリカ軍の巡察隊に拘束されたことぐらいだった。大場大尉は、兵士はもちろん民間人に対しても、万一捕虜となったとき、野営地の場所を明らかにしないよう念をおしていた。もし拷問されるようなことがあったら、野営地の場所としてタッポーチョ山西の険しい渓谷だと言うように命じていた。

日々を重ねるごとに、「タコ山」野営地での生活に緊張感が失われていくのは、誰の目にも明らかだった。歩哨などの日常業務にも、兵士たちの怠慢な態度がみられるようになった。大場大尉はそれを厳しく叱ったが、規律の徹底だけでは解決されない問題を感じていた。兵士たちは命令に従って戦ってきたし、それが軍人だった。この「タコ山」野営地にも、大場大尉がつくりあげた軍隊組織や階級にもとづく上下関係がある。彼らは大場大尉を指揮官とする部隊で命令に従っていたし、表面的には大きな不満も聞かれない。しかし、この山中での厳しく貧しい生活の先に何があるのか、何が目的で今、この生活に耐えているのか。それらの疑問に対し、誰も納得できるような答えを見いだせずにいた。

大場大尉自身は、彼の戦いの目的をこう考えていた。つまり日本軍がサイパン島奪回作戦をおこなう際、島内から日本軍を支援することだ。いずれそのときがきたら命がけで部隊を指揮する覚悟だった。しかし戦局は、どうなっているのだろうか。サイパン島の南のテニアン島は、すでに陥落した様子だった。テニアン島の日本軍守備隊も玉砕したのだろうか。二カ月前、サイパン島を覆いつくしたアメリカ軍の大兵力は、今どこで戦っているだろうか。もうフィリピンなどが戦場となっているのかもしれない。

大場大尉は自分が指揮官であるから、指揮班のなかでもこうした疑問を口にするのは控えた。しかし、いつか部隊として行動を起こすときには、皆の気持ちも充分に聞いてやらねばならないと考えていた。彼はあの「玉砕攻撃」の狂気と理不尽さを自らが繰り返すこと、それだけはやってはならないと心に誓っていた。

「タコ山」野営地では男女が一定の距離はあったにしろ共同生活をしていた。女性三八人、子どもが一四人いた。もともと夫婦の男女もいたが、若い兵士と女性の間に恋愛感情が生まれるのは自然なことだ。なかには粗末な掘っ立て小屋で、二人だけで寝起きする者たちもあらわれた。大場大尉は、そのことについてとがめることはしなかった。ただし部下が女性に入れ込んで、歩哨や食糧搬出の警護などに怠慢があったときは厳しい態度をとった。女性をめぐり男たちの間に争いごとも生まれた。三角関係が過熱して暴力沙汰になることもあった。大場大尉は女性の気持ちを聞き、一方の日本兵に彼女から離れるように命じた。

日本ではサイパン島守備隊が玉砕したことで島の日本兵はすべてが戦死したとみなされた。このころ、愛知県の大場栄大尉の妻のもとへも、軍から彼の戦死が伝えられた。「戦死」が認定された大場大尉は、少佐に特進されていた。

サイパン島攻略作戦の完了後、この島の支配はジョージ・W・グリナー少将を司令官とするサイパン駐留軍（Saipan Garrison Forces）にゆだねられた。血みどろの攻略作戦をおこなった第二海兵師団、第四海兵師団、そして陸軍の第二七歩兵師団は、サイパン駐留軍を構成するいくつかの連隊を残し、太平洋の他の島嶼攻略作戦のためこの島を去った。

サイパン駐留軍の任務は、日本軍のサイパン島奪回の軍事行動に対処することだったが、太平洋の戦局からその可能性はなかった。実際のサイパン駐留軍の主な仕事は、約一万五〇〇〇人が入っている二カ所の大きな収容所の運営、そして島の密林や洞窟に潜伏する日本軍の敗残兵を一掃することだった。

収容所の維持と管理は、常にサイパン駐留軍の悩みの種だった。すべての収容者は、この戦争が終わるまで解放できないとワシントンで決定されていた。収容所に割り当てられた食糧や物資は不足しており、収容者はできるだけ自分たちの手で食糧をつくることを命じられた。収容所の人びとには、キャンプの外でアメリカ兵の監視のもと農作業が強制され、島の南部の平地や丘陵地帯の畑で、ジャガイモやタピオカ、野菜などを栽培した。

まだ生き残っている日本兵をこの島からすべて消し去るのは、厄介な仕事だった。山道や森を巡察するアメリカ兵たちは、それは危険で報われない任務だと考えていた。サイパン島の攻略作戦が終了し、密林や洞窟で痩せ細った日本兵を倒しても、なんの名誉にもならなかった。そんな相手でも、アメリカ兵の命が危機にさらされることはまちがいなかった。実際、山間部で巡察隊のアメリカ兵が何人も日本兵に殺されている。

ガラパンの第二海兵師団の指揮所にいたジョージ・ポラード大佐は、タッポーチョ山周辺地区を担当していた。彼はその地域を巡回する巡察隊から、民間人や日本兵の小さな集団を目撃したとの情報をえていた。その連中は夜間に行動しているらしく、人数や拠点がはっきりつかめなかった。地形から考え、残存日本兵は直径五〜六キロメートルの丘陵地帯に潜んでいるにちがいない。その一帯には、根がつっかい棒のようにたくさん出ているタコノキの樹木が生い茂り、視界がきかない。不用意に立ち入れば、日本兵に狙撃される危険性も高い。ポラード大佐は、日本軍の敗残兵に対する掃討作戦で、部下の兵士を死なすようなことは嫌だった。あの熾烈を極めたサイパン島攻略作戦を戦い抜いた兵士たちを、無事に故国に帰したかった。

サイパン島攻略作戦の完了は、もう数カ月前に第五両用軍団のホーランド・M・スミス中将が宣言している。ハワイの太平洋方面司令部は、サイパン駐留軍のジョージ・W・グリナー少将に、島の日本軍残党の殲滅に手間取っていることにで不満を伝えてきた。彼は海兵隊の大隊長などを集め、掃討作戦の検討を始めた。

作戦会議でポラード大佐は、部下の士官たちに言った。

「われわれは、日本軍の残党を根絶やしにする掃討作戦をやらなくてはならない。作戦には砂浜で日光浴をしている海兵隊兵士を動員する。圧倒的兵力格差で日本軍の敗残兵を一気に殲滅する。これはまったく簡単な作戦だ。しかしこの作戦に名誉はない。いいか、諸君は次のことを肝に銘じてほしい。この作戦でもっとも重要なことは、アメリカ兵の死傷者を最小限にとどめることだ。ひとりでもアメリカ兵が死ぬようなことがあれば、痩せ細った島の日本兵を全員殺しても、それは成功とはいえない」

アメリカ軍は第二次世界大戦の五年ほど前から、長距離を飛行できる大型爆撃機の開発を進めていた。大型旅客機で実績のあったボーイング社が、機体もエンジンもまったく新しく設計し、一九四二年九月に初飛行したのがB-29「スーパーフォートレス」である。B-29は、全長三〇・二メートル、全幅四三・一メートル、自重三二・四トン、二二〇〇馬力の四基のエンジンで時速五七六キロメートルの最大速力を発揮し、最大九トンの爆弾を満載し六六〇〇キロメートル

サイパン島のイスリー飛行場（旧アスリート飛行場）。滑走路の脇の駐機場には数十機のB－29「スーパーフォートレス」が日本本土空襲のために待機している。

B－29「スーパーフォートレス」の格納庫に搭載されたE46集束焼夷弾。この焼夷弾は、日本の木造家屋を効率的に焼き払う目的で開発された。1個の焼夷弾が38個の子弾を内蔵し、地上700メートルでそれらをまき散らす。

の長距離を飛行できた。

B－29は、迎撃戦闘機が到達できない高々度を飛べるが、それはエンジンに圧縮された濃厚な空気を送り込めるターボチャージャーをもっていたからだった。これは排気ガスの圧力を利用するが、タービンが高温高圧となるため、その設計や製造に高い技術力が必要だった。大戦中、これを実用化できたのはアメリカだけだった。また旅客機ボーイング307で採用した与圧機体で、搭乗員は高空でも酸素マスクを着用する必要がない。防御火器は、遠隔操縦で対空機銃の照準と射撃が可能で、優れた火器管制装置と連携し命中率は非常に高かった。

一九四四年十一月二十四日、サイパン島のイスリー飛行場（アスリート飛行場）などを飛び立ったB－29戦略爆撃機一一〇機のうち九四機が初めて東京を空襲した。その後、日本各地の都市への空襲は、軍事施設や工業地帯に限らず無差別攻撃として市街地に対しておこなわれることになる。

一九四四年十月、「タコ山」野営地の大場大尉のもとに、タッポーチョ山の「二番線」野営地からの連絡があった。「二番線」では、永田少尉・金原少尉がそれぞれ残存兵士を率いていた。伝えられた内容は、「二番線」野営地の近くの農地で、日本人が耕作を始めたという。畑仕事をする日本人たちはアメリカ兵に監視されていた。それは収容所の人びとらしかった。

一九四四年十一月、「タコ山」野営地では女性三八人のうち二六人が他の野営地へ移り、残りの一二人は夫、または日本兵と一緒に暮らしていた。女性たちが移動した理由は、日本兵との男女関係の問題からだった。若いひとりの看護婦だけは、ひとりで生活していた。

独立山砲第三連隊にいた堀内今朝松一等兵は、自分の所属していた部隊の壊滅後、自由に行動し、大場大尉の指揮下に入ろうとしなかった。堀内一等兵はもともとはヤクザで、密林や渓谷でアメリカ軍の巡察隊を待ち伏せしては射殺し、その人数を数えていた。そうした堀内一等兵の行動に共感する者もいて、彼とともに「アメリカ兵狩り」をすると決心した日本兵二人が大場大尉の部隊を離れた。大場栄大尉は、堀内一等兵の「アメリカ兵狩り」が、「タコ山」野営地の人びとの安全を脅かすのではないかと心配していた。大場大尉は堀内一等兵たちに、アメリカ兵との戦闘は「タコ山」や「二番線」野営地から少なくとも二キロメートルの距離をおくことを約束させていた。

このころ、アメリカ軍はススペ・キャンプに収容した日本人から、日本軍守備隊が食糧を隠した洞窟数カ所の場所を聞き出した。またアメリカ軍は残存日本兵がそれらの食糧に依存し、持久戦を続けていることを知り、食糧をススペ・キャンプに搬出、搬出作業が危険と思われた場合では食糧を焼却してしまった。食糧を断たれた大場大尉の部隊は、他の残存日本兵たちと同様、食糧を徴発しにガラパン近郊のアメリカ軍（第二海兵師団）駐屯地に深夜、忍び込んだ。それは危険な行為だったが、警備は手薄だった。食糧を積んだテントに警備がついていることはなく、境界線に張られた有刺鉄線をくぐり抜け、定時巡回する歩哨が立ち去った直後にテントに侵入し、食糧の奪取に成功した。

掃討作戦

サイパン駐留軍を構成する第二海兵連隊（第二海兵師団）第二大隊は、マジシネ湾の近くに指揮所を設けていた。第二大隊下の中隊のエドワード・アトウッド大尉は、彼の指揮下に四つの小隊をもつ。アトウッド大尉の担当地区はタッポーチョ山周辺で、対処すべき最優先事項は日本軍の敗残兵の駆逐だった。日本軍守備隊が壊滅したのは、一九四四年七月初頭、それ以降、日本兵の小集団がアメリカ軍兵士に対し積極的攻勢にでることはなかった。サイパン駐留軍は、島での「日本兵狩り」を継続し、この数カ月でかなりの数の日本兵を殺した。密林や洞窟に追いつめられた日本兵は投降するのは稀で、多くの場合、戦闘や自決で最期を遂げた。

一九四四年十一月、第二海兵連隊第二大隊は、日常的な任務として担当地区の巡察をしていた。そのとき、ひとつの小隊が偶然日本兵数人と遭遇し、銃撃戦となった。海兵隊に死傷者はなかったが、周辺を調べたところ、かなりの人びとが生活する野営地を発見した。それは大場大尉の指揮する「タコ山」野営地の一部だった。野営地では歩哨がアメリカ軍の接近を知らせ、人びとは急いで密林のなかに避難した。この出来事をエドワード・アトウッド大尉は、ガラパンの第二海兵師団のジョージ・ポラード大佐に報告した。ポラード大佐は、すでに立案したタッポーチョ山周辺の掃討作戦をおこなうことを決めた。

「タコ山」の大場栄大尉は、自分たちの野営地がついにアメリカ軍に発見されたことを知り、早急に部隊と民間人を移動させることを決断した。彼らの向かう先は、大人数が姿を隠すのに有利な地形のタッポーチョ山に近い山岳地帯だった。そこには多くの崖と岩場・洞窟があり、峡谷は複雑に入り組んでいる。大場大尉とその部下たちは、その地域の地形を熟知していた。

彼らの移動前に、アメリカ兵が「タコ山」野営地近くにやってきた。それは第二海兵連隊第二大隊の一小隊だけだった。この小隊は掃討作戦で送られたのではなく、通常の巡察任務をおこなっていた。山道で偶発的に大場部隊の日本兵約三五人の集団に出くわした。両者の間ですぐに銃撃戦が始まった。大場部隊はタコノキの林から三八式歩兵銃と九九式軽機関銃で応戦した。戦う準備のできていなかった海兵隊の小隊は即座に撤退し、双方に死傷者はなかった。

翌日、アメリカ軍は「タコ山」を含む地域で掃討作戦を始めた。それは第二海兵連隊第二大隊の四つの中隊でこの地域を包囲しながら捜索範囲を狭め、この地域の日本兵を全滅させる作戦だった。警戒しながら各中隊は、見通しのよくないタコノキ林と草むらを計画どおり前進した。小銃を構え、太い樹木や岩場・高台などにも注意をはらった。ガジュマルの葉でカモフラージュした日本軍の狙撃兵が隠れている可能性があるからだ。しかし狙撃兵を射撃前に発見することは、これまでの経験から困難なのをアメリカ兵は知っていた。たぶん最初の一撃で誰かがやられる。それが自分でないことを祈るだけだ。

額を流れる汗を掌で拭い、視覚と聴覚を最大限に研ぎ澄ます。寄生植物の絡まるタコノキとガジュマルの森は無数の異様な形の枝が地面を這い、天蓋は枝葉で覆われ視界がきかない。湿った地面には腐りかけた木の実や葉が積もり、靴底で掘り返すと千切れたミミズが這い出てきた。

兵士たちの不安な心理は、横並びで進む彼らの間隔をいつの間にか狭めていた。「もっと離れろ！」と隣の兵士に手で合図をする。その乱暴な動作に、彼らの苛立ちが表れている。狭い範囲内に兵士たちが集まると、そこが狙撃や機銃掃射、手榴弾の投擲の的になりやすい。

極度の緊張で四〇分が過ぎた。ようやく密林を抜け丘陵地帯に出て、いくぶん安堵した。しかしこの丘は胸元くらいまで伸びた草むらに覆われていた。さらに視界は悪い。いきなり日本兵と出くわしたら、地面に伏せると同時に小銃を連射するしかない。前方に何か動く気配があった。息をのみひとりの兵士は足を止めた。そして隣の兵士に手で合図をして、片膝をついてM1ガーランドを構えた。この半自動小銃は、引き金を引くだけで八発連続発射できる。白兵戦では、一発撃つごとに遊底を手動でスライドさせて装弾と排莢をおこなう日本軍の三八式歩兵銃よりずっと有利だ。

しかし銃身の照準器の向こうにあらわれたのは、海兵隊兵士だった。他の小隊の海兵隊兵士たちは、次々と草むらから姿をあらわした。小隊長は、作戦の失敗を知った。大勢の日本兵と民間人の潜伏が報告されていたタコノキに覆われた丘（「タコ山」）を兵士六〇〇人で取り囲んだはずだが、各小隊はひとりの日本人もその包囲網にとらえることなく、最終地点まで到達した。

現場の指揮をとるエドワード・アトウッド大尉は、ジョージ・ポラード大佐に報告しなくてはならなかった。携帯無線電話機（SCR-536）を手にしたアトウッド大尉は、感度の良くないその無線機のマイクに大声で話した。

「ポラード大佐。連中はいません。作戦は失敗です」

「なんだと。作戦どおりやったのか。包囲網に穴があったんじゃないのか」

すぐにポラード大佐の苛立った声が返ってきた。

「そんなことはありません。捜索範囲に誰かいれば、必ず発見できたはずです」

「連中は、いったいどこへ行ってしまったのか？」

「わかりません」

作戦失敗の報告を受けたジョージ・ポラード大佐は、憂鬱な気分におそわれた。これまでの情報から、あのタコノキに覆われた丘に、百人や二百人の日本軍の残党がいるのはわかっている。この島あの連中がわれわれを出し抜いて、タッポーチョ山周辺のどこかに逃げたことは確かだ。この島はもうアメリカ軍が支配しているはずだ。しかし日常業務につく巡察隊で、殺されたアメリカ兵士が何人もいる。サイパン島での戦いの決着はもうついているのだ。アメリカ国内ではサイパン島のことなどとっくに忘れているし、誰も関心をもたない。日本兵たちが、この島で戦いを続けることに、どんな意味があるというのか。

「愚かなことを！」

ポラード大佐はこみ上げる怒りの目で、テーブルに広げた島の地形図を見た。

この日の掃討作戦は、失敗だった。しかしひとつだけ成果があった。ある小隊が作戦終了後に駐屯地へ帰る途中、山道をあえぎながら進む老夫婦を見つけた。その二人は拘束され、海兵隊のトラックでマジシネ湾の基地に連れて行かれた。老夫婦は、アメリカ兵に捕まったら殺されると信じていたので恐れおののいていた。しかし海兵隊基地で、温かい食べ物をあたえられ安堵した。日系人のアメリカ軍兵士が呼ばれ老夫婦と親しく会話を交わした。そして日系人兵士は、日本軍の敗残兵の情報をえることに成功した。

老夫婦からもたらされた情報は、すぐにハーマン・ルイス少佐、ジョージ・ポラード大佐に伝えられた。それによれば、タッポーチョ山の山麓に約三〇〇人の日本人が隠れていて、その一五〇人は軍人で武装している。彼らはひとりのキャプテン（大尉）に率いられており、その男の名はＯＢＡという。報告を聞いたルイス少佐とポラード大佐は、一五〇人という日本兵の数に驚いた。日本軍守備隊の壊滅から五カ月近くに及んだ「日本兵狩り」で、部隊と呼べるような日本軍組織はもう存在しないはずだった。

やはり徹底的に日本軍の残党をたたき、根絶やしにするしかない。そうポラード大佐は決意し、ふたたび大規模な掃討作戦の実施を決めた。今度の投入兵力は約五〇〇〇人で、前回の一〇倍ちかくだった。サイパン駐留軍の主力である第二海兵師団の第二・第六・第八海兵連隊から、いくつかの大隊をだすことにした。

サイパン駐留軍は、島内での日本軍部隊の組織的活動についてハワイの太平洋方面司令部から報告を求められていた。サイパン駐留軍には、早急にそのＯＢＡの率いる日本兵の残党を一掃することが緊急の課題となった。掃討作戦は、やはり包囲網をつくっての追いこみだった。ただし今回は、ＯＢＡ部隊の所在が特定できないため、タッポーチョ山周辺の山間部がすべてその対象とされた。

一九四四年十一月、早朝から大勢のアメリカ兵の作戦開始地点への配置がおこなわれた。約五〇〇〇人という兵士を駐屯地から運び、包囲網を形成する列に並べるのに三時間近くかかった。この日、「タコ山」周辺の密林と丘陵地帯は、大勢のアメリカ兵で覆われた。兵力を集中する地域は、五キロメートル四方、兵士たちは二～三メートル間隔で横一列になり、そのまま前進した。

こうした大々的なアメリカ軍の行動を、大場部隊が気づかないわけはない。高台からアメリカ軍の動きを監視していた大場大尉の部下は、その方向や距離などを伝えた。大場大尉は部下と民間人約一五〇人とともに、険しい地形のタッポーチョ山の崖の斜面と渓谷が入り組んだ地域に避難した。アメリカ軍機が山間部の上空を旋回し、密林のなかに日本兵の姿を発見しようと目を光らせている。

アメリカ兵約五〇〇〇人に対し大場部隊は一五〇人、小銃の三八式歩兵銃四〇挺、九九式軽機関銃が一挺、他にアメリカ軍から手に入れたＭ１ガーランドと拳銃、手榴弾などである。この圧倒的兵力格差で戦闘となれば、部隊の全滅は必至だ。大場大尉は、崖と岩場からなる山岳地帯に身を隠すことにした。日本兵と民間人の約三〇〇人が、大場大尉の指揮でそこに向かった。

当初、「二番線」を拠点とする永田少尉・金原少尉の率いる日本兵の小集団、また堀内今朝松一等兵とその仲間二人にも、この日アメリカ軍との決戦を伝えてあった。しかし絶対的兵力格差、約一五〇人の民間人のことを考え、大場大尉は戦いを断念した。すぐに「二番線」と堀内一等兵らに伝令を走らせた。彼らは不満げだったが、しぶしぶ戦闘回避を了解した。

この海兵隊の大規模な掃討作戦では、残存日本兵との間に若干の戦闘がおこなわれたが、大場大尉の率いる部隊と民間人のほとんどが、発見されることなく生き残った。移動中の民間人一七人は、海兵隊に拘束された。今回のたびかさなる掃討作戦の失敗に、ジョージ・ポラード大佐は憤った。連中の潜伏している地域はわかっている。サイパン島上陸作戦時であれば、戦艦の艦砲射撃と空爆、そして山砲大隊の砲撃で徹底的に山間部をたたくことができる。しかし、今はそんなことはできない。

サイパン駐留軍はこうした大規模な「日本兵狩り」をおこなう一方、山岳地帯や岬の洞窟に隠れる日本兵や民間人に対して、さかんに日本語での投降の呼びかけをおこなってきた。拡声器からは日本の懐かしい曲が流され、日本語で同じような話が繰り返されていた。それは、サイパン島には日本軍の援軍が来る可能性はないこと、日本本土が毎日のように空襲され、もうじき日本はこの戦争に敗北することだった。またアメリカ軍は捕虜をけっして虐待しない、すでに投降した人びとは収容所でたくさん食べ、快適に暮らしていると伝えた。

またアメリカ軍は軽飛行機を飛ばし、日本語のビラを上空からばら撒いた。一九四四年十一月の大掃討作戦後、「タコ山」周辺に散らばって身を隠している日本兵や民間人の手にもそれは渡った。ビラには、焦土と化した東京の航空写真とともに、アメリカ軍の圧倒的優勢の戦局を伝える文章があり、島の日本兵に投降を強く勧めていた。投降する場所も明示され、白旗が立てられた場所に武器をすてて姿をあらわせば、命を保障するとあった。

「こんなでたらめを、信じるわけがない!」と言い捨てる日本兵がほとんどだったが、そのビラに心を動かされる者もいた。とくに民間人はそうだった。大場栄大尉は、部下から手渡されたビラの写真に見入った。焼け野原になった都市の写真に皇居の濠、神宮などと思われるものを見つけた。大場大尉も、日本軍がいずれサイパン島の救援に来ると信じていたが、実際、彼らは今の戦局のこと、日本のことを何ひとつ知らなかった。それらを確かめなくては、どんな判断もできない。自分が判断を誤れば、彼のもとに集まった大勢の民間人を含む人びとを死なす結果を招くかもしれない。

大場栄大尉は、彼自身の目と耳で確認できることは、そうすべきと考えた。そして大胆にもアメリカ軍の収容所へ潜入することにした。部下たちは反対したが、実際、収容所へ潜り込むことは、さほど難しいことではなかった。サイパン駐留軍は、この島に三つの収容所を設けていた。西海岸近くのススペ・キャンプとチャランカノア・キャンプ、そして島北部の軍事収容所である。最大の収容所ススペ・キャンプには、日本人・朝鮮人など日本国籍をもつ民間人が入れられた。日本人約一万〇四〇〇人、朝鮮半島出身者約一三〇〇人の合計約一万一七〇〇人もの人びとが、ススペ・キャンプで生活していた。このススペ・キャンプは、収容人数がひとつの町ほどの大きな規模で、民間人収容施設なので警備は手薄だった。実際、夜間にススペ・キャンプから気づかれないように抜け出し、キャンプの食糧を持ちだして、「タコ山」野営地に届ける人たちもいたほどだった。

一九四四年十二月深夜、大場栄大尉は腰に拳銃を付け、山間部の野営地を去り、たったひとりでススペ・キャンプに向かった。その収容所は、ススペ湖の西側にあった。彼は幹線道路を南へしばらく歩き、葦の生い茂る湿原地帯を抜け、ススペ湖の湖畔づたいに進んだ。アメリカ軍の車輛や倉庫らしきテント・建物があり、いくつもの電球が点いていた。大場大尉はアメリカ兵の歩哨に注意しつつ、境界線に張られた有刺鉄線をかいくぐり施設の敷地内に入った。長屋のような木造の粗末な建物に入ると、大勢の人びとが床に薄い毛布を敷いて寝ていた。収容所内ではとくに警戒する必要もなかった。ここにはたくさんの収容者用の建物があり、一万人以上もの日本人、そして朝鮮人や台湾人たちが暮らしている。大場大尉は拳銃を布で包んで隠し、民間人のように戦闘服をくずして着た。

翌朝、収容所では人びとのいつもの生活が始まった。大工仕事をする男たち、給水所で洗濯をする女たち、そして銃をもったアメリカ兵とともに畑仕事で施設外へ出ていく人たちの姿があった。収容所内には戦時下の緊張感はなく、そのことに大場大尉は驚いた。彼に注意を向ける人もいなかった。数時間、彼は収容所を見て歩いてから、話のできそうな人間を探し数人から話を聞いた。島のアメリカ軍のこと、この戦争の様子、日本のこと、ここの人びとは当然、それらについて関心が高く、憶測も含めて雄弁に話した。

その会話から、日本が連日のようにアメリカ軍に空襲されていること、連合艦隊の多くの軍艦が沈んだこと、日本はこの戦争で窮地に追い込まれていること、そうした認識が人びとの間で共有されているのを、大場大尉は実感した。またアメリカ軍の捕虜への対応は、人びとの話や彼が目の当たりにしたように、けっして酷いものではないらしい。日本人の民間人はこのススペ・キャンプに、日本兵は島の北部の軍事収容所に入るそうだ。軍事収容所のことは、何もわからなかった。

大場大尉は、その日の深夜まで、ススペ・キャンプに留まり、来たときと同じように有刺鉄線をかいくぐり、施設の外へ出ていた。建物や樹木の陰に隠れて、歩哨をやりすごし、湖畔へ向かった。湿原地帯から海岸の幹線道路を通って密林に入り、そして山道をのぼって野営地へ帰り着いた。

山間部に入って警戒心が緩むと、大場大尉は野営地の大勢の民間人をどうすべきかを思案し始めた。彼のもとには、一五〇人もの民間人がいた。女性や子どももたくさんいる。これまではアメリカ軍の掃討作戦をなんとか逃れてきたが、この先、同じような攻撃を受けてまた無事ですむかどうかはわからない。前回は歩兵部隊の包囲網だったが、野営地にいきなり迫撃砲を撃ち込まれたら大勢死ぬだろう。アメリカ軍の標的は、民間人ではない。それはわれわれなのだ。自分たち日本兵と行動をともにしていることこそが、人びとを危険にさらしている。大場大尉はその現実を悟った。

翌朝、野営地で目を覚ました大場大尉は、民間人の代表者となっている小学校の教師を呼んだ。大場大尉は、その教師に自分が見てきた収容所の様子を詳しく話した。そして民間人はアメリカ軍に虐待されることはないから、山を降りアメリカ軍に投降することを勧めた。

このころ、タッポーチョ山周辺にたてこもる日本兵・民間人は深刻な食糧不足におちいっていた。日本軍守備隊が洞窟に隠した糧秣は、ことごとくアメリカ軍の手で持ち去られ、あるいは焼却処分されていた。アメリカ軍駐屯地などでの食糧の徴発も警戒が厳しくなり、敷地内に潜入した日本兵が射殺されることもあった。野営地の人びとは、バナナの茎や雑草などの煮物で、なんとか生き長らえていた。痩せ細って体力が衰えた者たちは、栄養失調や皮膚病、アメーバ赤痢、サイパン島の風土病のデング熱、フランペジアに苦しんでいた。

大場大尉がススペ・キャンプから戻った二日後、民間人たち約一二〇人が山を降りアメリカ軍に投降した。民間人たちは、大場大尉に感謝の言葉を述べ何度も頭を下げ、山間部の野営地を去った。しかし野営地に留まることを決心した約三〇人は、大場大尉の説得を受け入れずそのまま残った。彼らはあくまでも日本兵とともに戦うという男たち、投降したら必ず殺されるとの疑念にとらわれている者、そして野営地の日本兵と恋愛関係にあり、恋人を残し自分だけ投降するのを拒絶する女たちだった。

大勢の民間人が山を去った後、彼らから情報を得たのか、アメリカ軍の「日本兵狩り」は激しくなった。それは日本兵たちが食糧の徴発などで行動する夜間にもおこなわれるようになった。山道で待ち伏せされ、銃撃戦で何人かが死傷した。ある若い日本兵は、恋人の女性を連れたままアメリカ兵に追われ、二人とも射殺された。

ススペ・キャンプに収容されていた土屋憲兵伍長は、しばしば大場大尉の部隊と接触をもっていた。彼は深夜、キャンプを抜け出して山間部の大場部隊の野営地に来ていた。最初に彼が、野営地に姿をあらわしたときは、皆とても驚いた。その後、土屋憲兵伍長の野営地の訪問は、ほぼ定期的となった。土屋憲兵伍長は、収容所で集めた食糧を麻袋にいっぱいに詰め、大場大尉たちの野営地に運んできた。このころ、残存日本兵たちは食糧不足に悩んでいたため、彼はとても歓迎された。また土屋憲兵伍長は、島のアメリカ軍の情報などを大場大尉に伝えた。

憲兵とは、軍事警察と司法警察を任務とする。戦前戦中に日本国内、ならびに日本の植民地・委任統治領で、主に民間人を管理する役割を負わされていた。「思想警察」として反天皇制や共産主義・社会主義・親米英などの思想をもつ人びとを徹底的に弾圧したことが知られている。この土屋憲兵伍長は、山間部で持久戦を続ける日本兵を助けることが自分の責務であると考え、そのために捕虜としての身分を利用していた。このとき彼は、どんなことがあっても日本は最後に戦争に勝利すると頑に信じていた。土屋憲兵伍長の話によれば、山で籠城を続ける日本兵の残党の指揮官ＯＢＡを、アメリカ軍はなんとか抹殺しようと必死なのだそうだ。

やがて一九四四年が終わり、一九四五年の正月、そして二月になった。アメリカ軍はすでに陥落したマリアナ諸島の守備隊の兵力をさらに削減し、三月に予定される沖縄上陸作戦に投入する計画をもっていた。その前にサイパン島の残存日本兵を完全に一掃しておきたかった。アメリカ軍は拡声器やビラの空中散布での投降勧告をおこなった後に、タッポーチョ山周辺にふたたび大規模な掃討作戦を開始した。今回は迫撃砲や山砲などの火力支援を充分におこない、大兵力の歩兵部隊の包囲網で、ＯＢＡ部隊を殲滅する作戦だった。

大場大尉の部下は、常に野営地周辺を高台から監視していた。これは部隊の日常業務として班がつくられ、担当地域と交代時刻などを決めて実施していた。この日の朝、多くのアメリカ軍部隊が集結しているのを大場大尉の部下は目撃した。すぐに伝令が大場大尉のところに走った。大場大尉が部下の報告を聞いた直後、野営地周辺に迫撃砲弾が雨のように降り注ぎだした。榴弾が空中を飛翔する風切り音がせまり、地面に着弾すると同時に炸裂、鋭利な刃物となった弾殻をまき散らし、猛烈な爆圧が地面を草木ごと吹き飛ばした。アメリカ軍は投降した民間人に対する尋問と、偵察隊からの報告で、大場部隊の野営地のおおよその位置を知っていた。早朝、突然の迫撃砲の嵐でたたき起こされた日本兵たちは、それぞれのねぐらから飛び出すと、近くの岩場やガジュマルの太い樹の陰に身を隠した。

青い空を背景に空気を切り裂き飛翔する砲弾の黒点は、上空を見上げる兵士たちの目にもはっきりと映った。それが緩い弧を描き自分のほうへ向かってきていても着弾するまでほんの数秒、退避する時間はない。岩や樹木を遮蔽物として、飛び散る弾片に身体が切り裂かれないことを祈るだけだ。数分間、彼らの野営地は激しい砲撃にさらされたが、砲撃の照準はしだいに遠ざかった。着弾は隣の渓谷と沢に移り、断続的に炸裂音は続く。

土煙が空中に漂い、火薬の強い臭いがする野営地に、何人もの日本兵が倒れていた。ある者は明らかに即死、またある者は四肢を吹き飛ばされ、あるいは腹を弾片にやられ呻いていた。生き残った兵たちは、彼らのもとに駆けより仲間の名を呼んでいた。大場大尉は、何人もの部下が砲撃でやられ、大きな怒りにかられ身が震えた。同時に、ここまで生き残ってきた者たちを死なせてしまった自分を責めた。

しかし指揮官として、彼がとるべき次の行動は明らかだった。この場所から一刻も早く移動すべきだ。砲撃の後、アメリカ軍の歩兵部隊が進撃してくるのはまちがいない。銃撃戦になれば、まちがいなく全滅だ。迫撃砲弾の炸裂で蹂躙された野営地には、負傷し血まみれになった日本兵が苦しんでいた。負傷者にしてやれることは何もなかった。大場大尉は、死者や負傷者からすべての武器を取り上げた。それは小銃などの武器、弾薬が不足していたからだが、大場大尉は部下を自決させまいとした。ここに進撃してきたアメリカ兵が、敵の負傷兵を即座に射殺することもありえる。しかしアメリカ軍が、自分の部下たちを助けてくれる望みがあるなら、それにすがってもよかった。このときの砲撃で、十数人が命をおとした。大場大尉は民間人も含めた生存者を連れて総勢約八〇人で山岳地帯の奥地へと移動した。

大場部隊は、上空のアメリカ軍機から発見されないよう密林のなかタッポーチョ山の西の「崖山」へ向かった。途中、二人の日本兵を率いる堀内今朝松一等兵が合流した。堀内一等兵たちは山道で遭遇したアメリカ兵数人を、軽機関銃で倒したと言っていた。海兵隊の追撃は早かった。第二海兵連隊第三大隊のひとつの中隊が、谷を挟んだ山の斜面から大場部隊を発見した。追撃に移ったアメリカ兵たちは、大場部隊の背後から迫っていた。

五個小隊一〇〇名以上の海兵隊兵士が、大場部隊が通った山道を急いでいた。大場部隊の後方に一〇〇メートル離れて後衛をつとめる三人の兵士が、樹木の間にアメリカ兵の列を見つけた。すぐに後衛のひとりが、大場大尉のもとへ報告に走った。残りの二人は前進をやめ、狙撃に適当な場所をさがして岩場の上に登った。彼らは、ここでアメリカ軍部隊の足をとめるつもりだった。しかし、それが時間稼ぎ程度にしかならないことを、また自分たちの運命を、二人の兵士は理解していた。彼らは自分の命をひきかえにしても、民間人を含むすべての仲間を守ろうと覚悟を決めた。

報告を受けた大場大尉は、アメリカ軍の歩兵部隊の接近を知った。彼の指揮下には約八〇人いたが、そのうち数十人は女性を含む民間人だった。民間人は前衛の日本兵に従い、列の前方を歩いていた。その人たちを「崖山」へ逃がすことが最優先だった。「崖山」周辺は複雑に渓谷が入り組み、洞窟も多い。大場大尉は山道の脇に立ち止まり、前進してくる日本兵一〇人をそのまま行かせ、残りの兵士たちをその場に集めた。

「大尉。やりますか?」と久野伍長が尋ねた。その声は期待に高ぶっていた。

「ああ、やる」

大場大尉はきっぱり答え、皆の顔を見た。

副官の木谷敏男曹長、久野伍長、内藤上等兵らは戦いを前に興奮している様子だった。彼らは野営地に迫撃砲を撃ち込まれ、親しくしていた仲間をアメリカ軍に殺されたばかりだった。大場大尉の部下たちは、これまで山中でアメリカ兵の巡察隊に何度も遭遇した経験があった。そうしたとき、いち早く敵の存在に気づいた彼らは、藪の中に身を隠し巡察隊をやりすごした。山道を進むアメリカ兵の列に、小銃の照準をあわせたが、引き金を引くことは少なかった。大場栄大尉が、できるかぎり戦闘を避けるよう命じていたからだ。

「あんたも、ようやくやる気になったか」

九九式軽機関銃を抱える堀内今朝松一等兵が言った。士官に対する口のきき方ではまるでなかった。皆は、そうした彼の態度にはもう慣れていた。独立山砲第三連隊の生き残りの堀内一等兵は、大場大尉の指揮下には入らず、この日まで自由奔放に彼の戦いを続けてきた。もとヤクザの彼は、アメリカ兵四〇人を血祭りにあげたと言っていた。

大場大尉は、森での密集形態では不利と判断し、皆に散開を命じた。

「いいか。敵の数はとにかく多い。各人それぞれに最善の射撃場所を確保しろ。最初の射撃位置、そして次の射撃位置、脱出する経路など先のことを考えながら戦え。銃撃戦で弾薬を使い果たし、また負傷したら迷わず戦場を離脱しろ。そして崖山へ行き、谷や洞窟で仲間を捜せ」
この場所は山道が細く、一方が沢で水が流れ、その反対側には岩場が連なっている。岩場の斜面には、ところどころガジュマルやタコノキが曲がりくねった根や枝を岩に絡ませている。待ち伏せして奇襲をかけるには好都合だ。大場大尉が四〇人ほどの兵士たちに、配置場所を指示し、彼らはすばやくそれぞれの配置についた。兵力・武器の性能ともにアメリカ軍がはるかに勝っていたが、大場部隊の兵士たちはここの地形を熟知していた。また日本兵の三八式歩兵銃は、半自動小銃M1ガーランドのように連射はできないが、六・五ミリの小口径と長い銃身で命中率は高かった。

遠くから銃声が聞こえた。後衛の二人が、追撃するアメリカ軍部隊に対し狙撃を始めたらしい。しばらくして銃声がもうひとつ。そして小銃の連射音、これはアメリカ兵のM1ガーランドの発射音だった。また単発の銃声が響き、そして連続射撃音、大きな爆発音がこだました。それを最後に静かになった。その沈黙は、二人の日本兵の死を意味していた。

大場大尉は、山道を見下ろせる岩場に腹這いになり、太い樹木を遮蔽物とした。彼は指揮官なので歩兵銃ではなく、十四年式拳銃が装備品である。それは、八ミリ弾丸が八発入る弾倉をもつ自動式拳銃だった。大場大尉は予備の弾倉をすばやく装填できるように手近な場所において、ふだんは背中に背負っているヘルメットを被り顎紐を締めた。約四〇人の部下たちは、山道に視界のきく場所を選んで、それぞれに配置についていた。ヘルメットや上半身を覆う擬装用の網に千切った葉を取り付けている者もいた。兵たちの配置はおおむね良好と、大場大尉は判断した。

細い山道に低い枝葉を揺らしながら、アメリカ兵が姿をあらわした。たった三人だった。小銃を構え小走りで、ときおり立ち止まっては中腰であたりをうかがっている。部下たちは息をのんでアメリカ兵に照準をあわせ、大場大尉の拳銃の射撃音が響くのを待っていた。敵は、待ち伏せにまだ気づいていない。大場大尉の右前方の副官木谷敏男曹長が、大場大尉を見た。大場大尉は、手で「いかせろ」と合図をした。

三人のアメリカ兵は斥候で、本隊に先行している。本隊にここでの待ち伏せを、知らせるわけにはいかない。斥候のアメリカ兵を先に行かせても、先に行った大場部隊の後衛が対処するだろうし、ここで銃撃戦が始まれば、彼らは引き返してくるだろう。そのときにかたづければいい。そう大場大尉は考えた。

やがて大勢のアメリカ兵が、列を連ね山道に姿をあらわした。斥候が先行しているせいか、行軍に慎重さはなく、ほぼ密集形態で前進して来た。大場大尉は、アメリカ兵の列が待ち伏せする部下たちの銃の射界に入るのを待ちかまえ、最短距離のアメリカ兵を狙って射撃した。それを合図に、一斉に約四〇の三八式歩兵銃と堀内一等兵の九九式軽機関銃が火を噴いた。三〇発の連射ができる九九式軽機関銃は、縦列で進むアメリカ兵の身体を貫いた。銃弾を浴びた数人のアメリカ兵がその場に崩れ落ち、後の者は山道の反対側の沢に飛び込んだ。堀内一等兵に従う二人の仲間は、アメリカ兵から手に入れたM1ガーランドを連射した。日本兵たちは、アメリカ兵が岩や樹木の遮蔽物の陰に回り込む前に弾丸を命中させた。窪地へすばやく身を隠したアメリカ兵は、小銃を数発続けざまに射撃して反撃したが、岩場から冷静に照準された三八式歩兵銃の弾丸でヘルメットを射抜かれた。

山道をやって来た方向に走るアメリカ兵たちの背中に、数発が撃ち込まれた。何人かが倒れたが、後は逃げ去った。完全な奇襲の成功だった。アメリカ兵二〇人ほどが、山道や沢に横たわっていた。銃弾を受け苦しんでいる者もいたが、もう日本兵に銃口を向ける者はいなかった。大場大尉は斜面を山道まで下りると、部下たちに集合を命じた。大場部隊で死傷者はひとりもいなかった。勝ち戦に歓喜する若い兵士たちを、副官の木谷敏男曹長は叱りつけた。

「ここに長居は無用だ。連中はすぐに攻撃してくる」

大場大尉は言うと、皆を率いて山道を走りだした。

「急げ、全滅したいのか！」

大場大尉は、彼に遅れる部下たちに苛立った声をあげた。

「アメリカ兵がいくら来たって、また待ち伏せでやっつけてやる」

撤退に不満を漏らす兵士を、木谷曹長は走りながら振り返って言った。

「馬鹿だな。お前」

山道を懸命に走らされた兵士たちは、撤退の意味をほどなく理解した。アメリカ兵を待ち伏せした斜面に、数十発の迫撃砲弾が撃ち込まれた。爆発音が、背後から連続して聞かれた。敵の所在を特定したら、まず砲撃を徹底的にやり、それから歩兵部隊を前進させるのがアメリカ軍の常套作戦だった。

しばらく山道を走り、大場大尉は山の斜面に兵士たちを導いた。背の低い草木が茂る斜面を上まで登り、息を切らしながら尾根に出た。もう砲撃音は聞こえない。大場大尉は皆を休ませ、木谷曹長を呼んだ。全員、姿勢を低くして草の間から下の山道をうかがっている。

「どうしますか。大尉」

木谷曹長は尋ねた。

「連中は今、迫撃砲を撃ち込んださっきの場所を調べているだろう。そこに日本兵の死体がないことがわかると、また歩兵部隊を前進させるだろう」

「では、われわれはまた待ち伏せで、奇襲しますか」

「いや、おそらく山道をのこのこやって来るような間抜けなまねはしない。向こうはとにかく数が多い。山の斜面を覆うように横並びになって進んでくるにちがいない」

そのとき、兵士のひとりが、「大尉、あれ！」と声を上げて山道を指差した。山道には三人のアメリカ兵が、「崖山」と反対の方角に駆け足で向かっていた。そのアメリカ兵たちは、さっきやりすごした斥候だった。

「やれ！」

と大場大尉が命じると、部下たちはうつ伏せの姿勢で三八式歩兵銃を構え、遊底を引いて弾丸を装塡し、照準がつき次第射撃した。数回の射撃でアメリカ兵三人は倒れた。

大場大尉は撤退を決意し、「崖山」へ後退することにした。ここでふたたび待ち伏せ攻撃をして何人かのアメリカ兵を倒しても、圧倒的兵力格差で部隊が全滅することはまちがいないように思えた。山道を離れ岩場と沢を越え、複雑に渓谷が入り組む斜面を下り、大場部隊はタッポーチョ山周辺できわだって険しく複雑な地形の「崖山」にたどり着いた。もう密林や丘陵地帯で安全な場所はなかった。アメリカ軍は兵力をさらに増員し、包囲網を形成してタッポーチョ山周辺の山間部に日本兵の姿を捜したが、大場部隊を発見することはできなかった。大場大尉らは「崖山」を新しい野営地とし、洞窟や岩場に潜伏した。ここは「タコ山」野営地より奥地で、食糧の入手などが困難だった。バナナの茎や雑草などの煮物で、日本兵たちと民間人はなんとか生き長らえていくしかなかった。

その後、アメリカ軍は小規模な「日本兵狩り」を繰り返し、その戦闘のなかであの堀内今朝松一等兵とその仲間の二人、海軍の神福大尉など三〇人以上が戦死した。

大勢の人びとに責任をもつ立場の大場大尉は、堀内一等兵の「アメリカ兵狩り」が、他の野営地の兵士と民間人を危険にさらすことを憂慮したこともあった。また個人的な復讐のために戦う堀内を軍人とは認めていなかった。彼と対立したとき、大場大尉はあえて「堀内はただの人殺し」と言ったことすらあった。大場大尉は、堀内を理解しがたい人間だとしながらも、国家や軍隊、自らの命にさえにも執着しない彼の生き方を蔑んだことは一度もなかった。堀内一等兵を信奉し最期まで彼に従った二人の日本兵は、堀内の優しさや仲間に対する思いやりをよく知っていた。

一九四五年の二月を迎えるころ、大場部隊は三〇人くらいまで人数を減らしていたた。

一九四五年四月十二日、マジシネ湾岸の海兵隊駐屯地には、この日、半旗が掲げられていた。それはフランクリン・ルーズベルト大統領が脳卒中で死亡したからだった。そして彼の副大統領ハリー・トルーマンが大統領に就任した。トルーマン大統領は、この四カ月後の広島と長崎への人類史上初の核攻撃を決断することになる。

終戦と投降

一九四五年八月中旬、大場部隊の潜伏する「崖山」周辺に、アメリカ軍機が上空からビラをまいた。戦局の情報がまったくつかめない日本兵たちは、それに書かれていることはデタラメだと言いながらも、ビラの内容に関心をもった。またしつこいまでの降伏勧告と思ったが、ビラには衝撃的な文字が印刷されていた。「戦争は終わった!」。ビラを手にした日本兵は、くいいるようにその解説文を読んだ。新型爆弾が広島と長崎に投下された後、天皇は八月十五日にラジオ放送で、日本の無条件降伏を国民に伝えたのだという。大場大尉とその部下たちは驚きながらも、これを信じるだけの材料がまったく不足していると感じた。

「エノラゲイ」（B－29「スーパーフォートレス」）とその前に並ぶ搭乗員たち。彼らは1945年8月6日、テニアン島から離陸した同機で、広島に原子爆弾を投下した（1945年8月）。

東京湾の戦艦「ミズーリ」の艦上で、降伏文書に調印する外務大臣重光葵と大本営の梅津美治郎大将（1945年9月2日）。

それから半月、九月の初めにまた飛行機が空中からビラをまいた。そこには「日本の敗戦」とその裏付けとなる写真が印刷されていた。写真には、東京湾上の戦艦「ミズーリ」上で、日本の代表が降伏文書に調印したという説明があった。ビラには、こうも書かれていた。「この島で今まで勇敢に戦ってきた日本兵の皆さん、もはやあなたたちが戦う理由はありません。天皇陛下もあなたたちに投降するよう命じています」。

大場大尉の部下たちは、「崖山」を登りタッポーチョ山の南側に回り込んだ。そしてナフタン岬の手前のアスリート飛行場（アメリカ軍ではイスリー飛行場と呼んでいた）を遠望した。これまで滑走路を埋め尽くすほどの数の大型爆撃機が駐機していたのに、数機を残しすべてが消えていた。また八月になってから、山地でのアメリカ軍の巡察も、まったくおこなわれていないようだった。

なにか状況に大きな変化があったらしい。これは謀略か、真実か。いずれにしても確かめなくてはならない。「崖山」の大場大尉は深夜、ススペ・キャンプに部下を行かせ、土屋憲兵伍長らと連絡をとった。また島に潜伏する日本兵の集団にも、戦局についての情報を求めた。向こうからも大場部隊に問い合わせがあった。かつて山間部の「二番線」を拠点としていた小集団や、田中徳祐中尉が率いるハグマン半島の洞窟に潜む部隊も、日本の敗戦の真偽について動揺しているようだった。大場大尉のところに、アメリカの写真雑誌『ライフ』が届けられた。それは、アメリカ軍の駐屯地に食糧の徴発にでかけた日本兵が手に入れたものだった。その誌面には、数ページにわたって焦土と化した日本の都市、降伏文書に調印する外務大臣重光葵と大本営の梅津美治郎大将、日本に上陸するアメリカ軍の写真が掲載されていた。

土屋憲兵伍長からはススペ・キャンプのアメリカ軍兵士の戦争勝利のパーティーの様子も伝えられ、もはや日本の敗戦は動かしがたい事実だと大場大尉は感じた。彼の部下も、もうこれをアメリカ軍の謀略だと主張する者はなかった。問題は、これから自分たちはどうすべきかということだ。大場大尉は最後まで日本兵と行動を共にした民間人に礼を言い、山を降りアメリカ軍に投降するように諭した。彼らはその言葉に従った。

タッポーチョ山の大場部隊、それとハグマン半島の田中徳祐中尉の部隊、その他の小集団で森や洞窟に潜伏する全日本兵は、この時期に五〇人足らずだった。今まで投降した日本兵は稀で、アメリカ軍に拘束されていた兵士は負傷し、あるいは戦闘中に捕らえられた者だった。他の残存日本兵はほとんどが、アメリカ軍の砲撃や銃撃戦で戦死した。日本の敗戦が確実視されながらも、生き残った日本兵たちは、自分たちの運命を決めかねていた。そうしているうちに九月が終わり、十月、そして十一月となった。

大場栄大尉は、ハグマン半島や他の日本兵の集団のもとへ伝令を送り、「タコ山」での会議を呼びかけた。その会議には、それぞれの小集団の代表者が集まった。このころは「崖山」に潜伏する大場栄大尉、山岳地帯の小集団から豊福曹長と広瀬兵曹長、ハグマン半島の田中徳祐中尉、そしてススペ・キャンプを抜け出してきた土屋憲兵伍長が顔をそろえた。まず現状の確認ということで、土屋憲兵伍長から収容所や島のアメリカ軍の様子を聞いた。やはり日本の敗戦は動かし難い事実だった。しかし、これからどうすべきかについては、意見が対立した。

山岳地帯に潜伏する豊福曹長と広瀬兵曹長は、持久戦の継続を訴えた。

「日本が敗北しようとも軍からの、ひいては陛下からの戦闘命令はまだ生きている。最後は玉砕し果てるものと、われわれの運命は最初から決まっている」

それに対し、ハグマン半島の田中徳祐中尉は、

「日本が敗北した以上、われわれも敗北したことと同じだ。この島で戦闘を続けることは、日本国民のため降伏を受け入れた陛下のご意思に背くことになるのではないか」

「それでは、おめおめと生き長らえて、玉砕して死んでいった戦友たちになんと申し開きをするのか」

と豊福曹長。

目の前の議論を聞き、大場栄大尉は彼らの思いがよくわかった。ここにいる誰もが敗北した日本軍の兵士として持久戦の継続は無意味だと理解している。しかし熾烈だったあの戦いのなかで、死んでいったあまりにも多くの日本兵の骸《むくろ》が白骨化し放置されたままのこの島で、自分たちだけ生き残り、捕虜となるのはとうてい許されないことだ。大勢の日本兵が「玉砕攻撃」で戦果をあげることなく無念の最期を遂げた。大場大尉は、その作戦とは呼べない無策を憎み、生き残って持久戦を戦うことを選んだ。部下を無駄に死なせず、民間人を守った。その軍人としての目的

は、いずれ日本軍が戦局を立て直し、この島を奪回する攻撃をおこなうとき、それを支援することだった。

その目的は、日本の敗北によって絶たれた。いや、今想えば、その目的が消えたのは、ずっと前だった。日本軍守備隊が壊滅してから月日を重ね、日本軍のサイパン奪回作戦など不可能なのはわかりきっていた。しかしそれを認めることは、彼と彼の部下が生き残った意味を違うものとしてしまう。それは臆病者、卑怯者、非国民のそしりを免れず、それを軍人とは呼べない。ひとりでも多くのアメリカ軍兵士を殺すということであれば、堀内一等兵はそれを充分にやって死んだが、大場大尉にもその機会はたくさんあった。「玉砕攻撃」で部下を引き連れてアメリカ軍基地に突入し、何人かの敵兵を道連れに皆で潔く死ぬこともできた。だが、彼はどんな状況でも、死ぬことより生きることを選んだ。自分たちのこの島での戦いとは、いったいなんだったのだろうか。

このとき大場大尉は、この数カ月間見つけられなかった、彼らが生き残ってきた意味に気がついた。そうだ。生きて日本へ帰ろう。そして焦土と化した日本の再建のために働こう。投降や捕虜の屈辱など関係ない。そして国や死んだ戦友に対し、恥ずべきことなど何もないと胸をはれるほどの貢献をしよう。

目の前の議論が静まったとき、大場大尉は口を開いた。

「われわれは一日も早く帰国して、敗戦国となった日本を再建するために尽力すべきだ。それが死んでいった戦友たちに対して、われわれができる最善のことだ。自分は、島の残存日本兵のなかで最上位階級であるが、今後のことを命令するつもりはない。おのおのが考え判断してもらいたい」

この日の集会は、意見の集約のないまま解散となった。それぞれの野営地に戻り、よく話し合い、そして全員が集合する話し合いを開いて結論をだすことで合意した。おそらく選択肢は、大きく分けて三つ。最後の「玉砕攻撃」の決行、持久戦の継続、そして投降だった。大場部隊の三八人は「崖山」から移動し、この「タコ山」にそのまま残り野営した。

それから二日後、大場部隊のいる「タコ山」に、連絡のつく残存日本兵のすべてが集まった。約四〇人だった。最初に、民間人については皆から報告があった。ハグマン半島の洞窟や山間部の密林で暮らすすべての民間人はアメリカ軍に投降し、ススペ・キャンプに収容されたと聞かされた。今まで日本兵たちが、生き残って来た理由のひとつ、民間人の保護という理由は今、完全になくなった。

今後のことについて、豊福曹長は、やはりこう主張した。

「死期を逸した自分たちであるが、最期はアメリカ軍基地へ全員突入し、軍人として敵弾で死ぬことができれば本望である」

「最後の一兵まで奮闘せよという陛下の詔勅は絶対だ。降伏すれば、捕虜の身におちる。捕虜として収容所に入れれば、人間らしい食事にもありつけると聞いている。しかし自分は、密林に留まり草の茎や木の皮を食べながらでも、誇りある帝国軍人として終わりたい」

そう広瀬曹長も、豊福兵曹長の意見に同意した。

それに対し他の兵士たちは、反対の意見を言うのを控えた。仲間に死を恐れる臆病者と思われることが嫌だったし、なによりも捕虜となる屈辱は軍人には耐えがたいものだった。

ハグマン半島で数人の部下を率いる田中徳祐中尉が、異なる意見を述べた。

「日本政府が無条件降伏したということは、われわれも無条件降伏したと同じだ。アメリカに占領された日本国民は全員捕虜なのだから、われわれもすでに捕虜なのだ。祖国日本のことを想うなら、潔く負けを認め、祖国に帰る道をさぐり、日本の再建に尽くすことを考えてはどうか」

東京をはじめとする日本の都市は、焼け野原になっている。アメリカの雑誌の写真からもそれはわかる。この戦争で何百万人もの日本人が死んだ。国の再建には人手が必要だ。この島で死んでどうなる。それよりは、帰国して頑張ろうという意見が若い兵士からもでてきた。生きて祖国へ帰り、国の再建に尽くす。そのことこそが最善の道であるという空気が、兵士たちの間に強くなってきた。

年配の豊福曹長や広瀬兵曹長も、奇跡的に生き残った若い兵士たちを、確実に死なすことになる戦闘に引きずりこむのは忍びなかった。皆の議論を聞いていた大場大尉は、ひとつのことが解決できたなら、ここにいる全員が戦いをやめ、山を下りることができると思いついた。日本が戦争に負けたにしろ、われわれは軍人だ。軍人は命令で動く。しかるべき立場の日本軍将官からの命令が必要だ。それは戦闘中止命令、あるいは投降命令だ。

大場大尉がそのことを話すと、日本軍からの正式な命令があればもちろんそれに従うと、皆が同意した。アメリカ軍の計らいで日本軍将官がそうした命令文書を作成し、それをアメリカ軍から受け取れないものだろうか。大場大尉は、そのことをスペ・キャンプから来ていた土屋憲兵伍長に尋ねた。土屋憲兵伍長は、はっきりとはわからないと言いながらも、われわれに戦いをやめさせるために、アメリカ軍がそれを拒否することはないのでは、と答えた。

土屋憲兵伍長は、大場大尉の案はいい考えだと思った。降伏するにしても、自らの意思で降伏するのではない。あくまでも軍の命令に従い降伏するのだ。大場大尉は、それで何か本質的なことが変わるとは思えなかった。しかし皆が、その形式的なことで納得するのであれば、そうするのがいいと考えた。

ここで田中徳祐中尉が、思いがけないことを口にした。

「アメリカ軍と停戦交渉をしてはどうだろうか」

皆が田中中尉を見た。彼は少し興奮した口調で続けた。

「この島のアメリカ軍と日本軍。あくまで対等な立場で交渉し、戦争の継続を一時停戦という形で実現する。そうであれば、われわれは捕虜ではない」

「そんなことが可能なのか？」

そう問われた土屋憲兵伍長は、困った顔をして言った。

「自分にはわからないです」

その後、しばらく議論が続いたが、結論として、日本軍将官の命令文書、そして停戦交渉、その二つを実現するために行動すると落ち着いた。大場大尉は、田中中尉の提案した停戦交渉について否定的だった。もう日本は戦争に負けているのだ。停戦交渉という複雑な問題を、島のアメリカ軍とかまえることは、事態を悪化させはしないか。そう案じていた。

どちらにしてもアメリカ軍基地へ誰かが出向いて、交渉をする必要がある。大場大尉は最上位階級の自分が行くと言ったが、田中中尉が反対した。大場栄大尉は、「キャプテンＯＢＡ」としてアメリカ軍の「日本兵狩り」の最大の標的だったたし、彼に賞金がかけられているとの噂もある。もし大場大尉が殺されるようなことがあったら大変だ。それこそ日本兵最後の「玉砕攻撃」の決行という結末を招くかもしれない。殺されなくても、拘束されて連絡不通になるのも困る。

大場大尉の代わりに、田中中尉は自分が行くと言った。彼は、日本軍将官の命令文書とともに、彼自身の提案でもある停戦交渉をやってみたいという強い気持ちがあった。話し合いの末、田中中尉がアメリカ軍の様子を知る土屋憲兵伍長とともに、ガラパンのアメリカ軍基地へ交渉しに向かうことに決まった。


一九四五年十一月二十四日の朝、武装した田中中尉と土屋憲兵伍長は山岳地帯を下り、ガラパンに通じる幹線道路に立っていた。武装した日本兵が道路脇にいるのを見て、通過する軍用トラックの運転手は驚いた表情で通り過ぎた。田中中尉は、ここでアメリカ軍の車を止め、それでアメリカ軍守備隊の司令部に乗り込むつもりだった。そのうちアメリカ軍の士官の乗ったジープが停車し、同乗していた兵士たちが二人に銃を突きつけた。双方とも大声で言い合ったが、言葉は通じない。しかし田中中尉が十四年式拳銃を渡すと、アメリカ軍士官は田中中尉と土屋憲兵伍長を後部座席に座らせた。そして彼もその隣に座った。ジープは土煙をあげ走り出したが、向かったのはガラパンではなく島の東海岸だった。

彼らは、マジシネ湾の海岸近くのアメリカ軍（第二海兵師団）駐屯地に連れて行かれた。司令部らしい建物の一室に案内され、しばらくしてひとりの軍服を着た日本人があらわれた。彼は二人を見て労をねぎらう言葉をかけ、そして自身を海軍少佐の伊藤昌と名乗った。伊藤少佐は終戦処理のために日本海軍からアメリカ軍に派遣されていた。

伊藤少佐は流暢な英語を話し、ハワード・G・カージス中佐を田中中尉と土屋憲兵伍長に紹介した。このカージス中佐が交渉相手だった。

田中中尉は、毅然として言った。伊藤少佐が通訳に入った。

「われわれ島の日本軍は、アメリカ軍と対等の立場での交渉を要求する。それを拒否するなら、われわれは戦闘を継続し、全滅するまで戦う」

カージス中佐は、伊藤少佐の英訳に興味深げに耳を傾けた。

「交渉の内容とは何か？」

「停戦交渉だ」

「停戦交渉?」

カージス中佐は、顔を曇らせた。

「おかしなことを言う。戦争の決着はついている。君たちはもう負けたのだ。なにを今さら」

「われわれ島の日本軍は、まだ負けてはいない。われわれの敗北は死ぬときだけだ」

気持ちを高ぶらせた田中徳祐中尉は、言葉が過ぎたと感じたがとまらなかった。傍らでは土屋憲兵伍長が、心配げな表情で見守っていた。それに対し、カージス中佐は、田中中尉の主張を否定した。双方、意見が対立するなか、しだいに感情的になってきた。

土屋憲兵伍長は、田中中尉に「よろしいですか」と言葉をかけ、話に割って入った。彼はカージス中佐にこう話した。

「島で生き残った日本兵たちは、日本が戦争に敗れたことを皆知っております。そしてこれからどうすべきか、真剣に考えています。最後の玉砕攻撃をするべきと主張する者も一部おりますが、大半は戦いをもうやめるべきと思っています。彼らは軍人なので、軍の命令なくしては、戦いをやめることができないのです。そこで日本軍のしかるべき立場の将官から、この島の日本兵たちに戦いをやめるよう命じてもらいたいのです」

ハワード・G・カージス中佐は土屋憲兵伍長の言葉を聞き、黙って思案していた。伊藤少佐は、土屋憲兵伍長の話した内容がよく理解できたので、カージス中佐を説得しようとしている様子だった。

「日本軍のしかるべき立場の将官からの命令があれば、その命令が、たとえ降伏せよとの命令でも、山にいる日本兵たちは従うかね?」

カージス中佐は尋ねた。

「そうです。命令に従うのが軍人ですから」

土屋憲兵伍長は答えた。

「わかった。バカン島の日本軍守備隊のアモウ(天羽)少将に、その命令文書を書いて届けてもらう手配をする」

とカージス中佐は言い、田中中尉のほうを見た。

「停戦交渉については、どうしても譲れないのか?」

「譲れません。停戦協定に調印することによって、はじめて、われわれは戦闘を終結することができます」

と田中中尉は、自説を曲げなかった。

カージス中佐は、それではさっきの命令文書の話といささか矛盾すると感じた。しかしその形式的な停戦協定で、島にいる日本兵たちが投降に納得するなら、彼らの名誉が守られるなら、それでもいいのではないかと思った。

しかしカージス中佐は彼の判断だけで、そのことに同意することはできないと考えた。そこでカージス中佐はサイパン駐留軍のフランシス・F・M・ワイテング少将に説明し、許可をもらうことにした。彼は、田中中尉らを部屋に待たせ、伊藤少佐とともにサイパン駐留軍の司令部へジープで向かった。

一時間ほどで部屋に戻って来たカージス中佐の返事は、朗報だった。日本軍将官の命令文書はもちろん、停戦協定も結んでよろしいということだった。アメリカ軍との交渉は成功した。そのことに田中徳祐中尉と土屋憲兵伍長、そして伊藤昌少佐も満足した。

交渉を終え、田中中尉と土屋憲兵伍長が、「タコ山」へ戻るとき、ハワード・G・カージス中佐は、自らが運転するジープに二人を乗せた。通訳の伊藤昌少佐も同乗した。ジープは、「タコ山」に通じる山道の入り口まで彼らを運び、彼らはそこで別れた。カージス中佐は、日本軍将官の命令文書を「タコ山」に届けること、停戦協定はその命令文書の内容と矛盾のないよう作成することを約束した。停戦協定は、日本兵が山を降りたときに双方が調印すると合意した。

数日後、バカン島守備隊（独立混成第九連隊）司令官の天羽馬八少将直筆の命令文書が、ハワード・G・カージス中佐と部下によって「タコ山」の大場栄大尉のもとに届けられた。このとき、カージス中佐と大場大尉は初めて対面した。カージス中佐は、困難な状況下に日本兵・民間人を従え、犠牲を最小限とし、密林や渓谷に巧妙に潜伏しながら戦いを続けた「キャプテンＯＢＡ」に敬意を表した。

大場大尉がカージス中佐から手渡された命令文書には次のように書かれていた。

バガン島守備隊司令官　天羽陸軍少将発
マリアナ群島サイパン島　大場陸軍大尉宛
一、昭和二十年九月二日日本帝国政府ハ天皇陛下ノ直接命令ニヨリ陛下御勅許ノ代表ヲ通シ
　連合軍最高司令官元帥「ダグラス・マッカーサー」ニ無条件降伏セリ。
二、先任将校トシテ本官ハ以上ノ点ニ基キ貴下並ニ諸員及各種武器或ハ装置等ヲ「マリヤ
　ナ」群島「サイパン」島司令官「アメリカ」海軍少将「フランシス・F・M・ワイテン
　グ」ノ任命セル代表ニ無条件デ降伏スベク命令ス。

昭和二十年十一月二十五日。

大場栄大尉は、「無条件デ降伏スベク命令ス」という最後の文に感慨深い想いを抱いた。これですべてが終わった。

ハワード・G・カージス中佐は、缶詰やタバコの詰められた麻袋を土産として持参していた。大場大尉はこころよくその好意を受けた。

天羽少将の命令文には、それを書き写しガリ版で印刷した数十枚が添えられた。田中中尉は、同文書を彼らと連絡のつく日本兵のみならず、この島にまだ潜伏を続ける日本兵を捜し出して渡さねばならないと考えていた。そのために天羽少将の命令文書をガリ版で印刷することを事前に

「タコ山」野営地から下山し、幹線道路に姿をあらわした大場部隊からなる日本兵たち。先頭に田中徳祐中尉、その後ろに大場栄大尉（1945年12月1日）。

隊列の端で、日章旗を掲げる広瀬兵曹長（1945年12月1日）。

二列に整列した日本兵たち（1945年12月1日）。

カージス中佐に依頼していた。

天羽少将の命令文書をもって、数日間、豊福曹長ら数人は島の密林や山岳地帯に日本兵を捜し、彼らの説得のために奔走した。数人の日本兵を見つけだし、日本の敗戦、そして降伏を納得させた。

一九四五年年十二月一日の朝、「タコ山」野営地に集合した日本兵等四七人は、洗濯した軍服を着て無精髭を剃り、武器を身に付けた。そして、この島に散った英霊に三発の弔銃を捧げた。その銃声はタッポーチョ山の崖や渓谷、密林にこだました。広瀬兵曹長が掲げる日章旗が部隊の先頭を進み、その後に二列縦隊で田中徳祐中尉の部隊、豊福曹長の陸海軍の混成小隊、そして最後に大場栄大尉の部隊が続いた。堂々と凛然とした行進であった。いかなる凱旋軍にも負けぬほど、誇り高い進軍だった。それは無念の戦死を遂げた戦友の想いを担い、これからの日本のための貢献を誓った

軍刀を携えた大場栄大尉（右端）と田中徳祐中尉（1945年12月1日）。

停戦協定に署名がなされる（1945年12月1日）。

男たちの群像であった。兵士たちは三八式歩兵銃を肩に担ぎ、大場大尉ら士官は腰に拳銃と軍刀を下げていた。軍歌「歩兵の本領」を歌いながら、「タコ山」から「二番線」、そしてガラパンへ通じる幹線道路を行進していった。

目的地の広場では、ハワード・G・カージス中佐らアメリカ軍士官、武装した憲兵隊（MP：Military Police）二個中隊、そして伊藤昌少佐が、彼らの到着を待っていた。この日、サイパン島の日本軍残存兵力が集団で投降するという発表が軍からなされていた。そのため、カメラを持った数人の記者たちも取材のためにつめかけて来た。日章旗を先頭に、最後の日本軍部隊が姿をあらわした。田中徳祐中尉が整列の指揮をとり、中央に大場大尉が歩み出た。二人の士官は、軍刀を抜き高くかざし、刀の柄を腰のベルトにあてた。大場大尉は、皆に待つように告げ、広場に用意されていた机に向かった。

机の上には、停戦協定書が置かれていた。文書は次のようだった。

停戦協定書

一、昭和二十年十二月一日午前十時、降伏調印（式場・「タコ山」下広場。降伏後直ちに武装解除）。

二、降伏当日迄の間全島生存者集合のためMP指揮官ハワード・G・カージス中佐と主計長が乗用車をもって常に協力す。

大場栄大尉は、ハワード・G・カージス中佐に軍刀を差し出した（1945年12月1日）。

三、昭和二十年十一月二十四日午前十一時をもって、日米サイパン島軍は停戦協定を結ぶ。

文書名は停戦協定書と記されていたが、それは日本兵の武将解除の日時を述べた以外、とくに重要な内容を含んでいなかった。しかし、大場大尉をはじめ、そのことを問題にする日本兵はいなかった。日本の無条件降伏、その動かない事実がすべてを支配していた。この停戦協定は、田中徳祐中尉がアメリカ軍基地を訪れた際、ハワード・G・カージス中佐とすでに了解していたので、日付は十一月二十四日とあったが、代表者の大場栄大尉の署名は、十二月一日におこなわれた。

停戦協定書が締結され、大場大尉は整列した部隊の中央に戻った。大場大尉が、兵士たちに武装解除の命令を発するときがきた。整列した兵士たちに、大場大尉は大声で命じた。

「銃を置いて、三歩退がれ！」

投降後の集合写真。前列に大場栄大尉、田中徳祐中尉（1945年12月1日）。

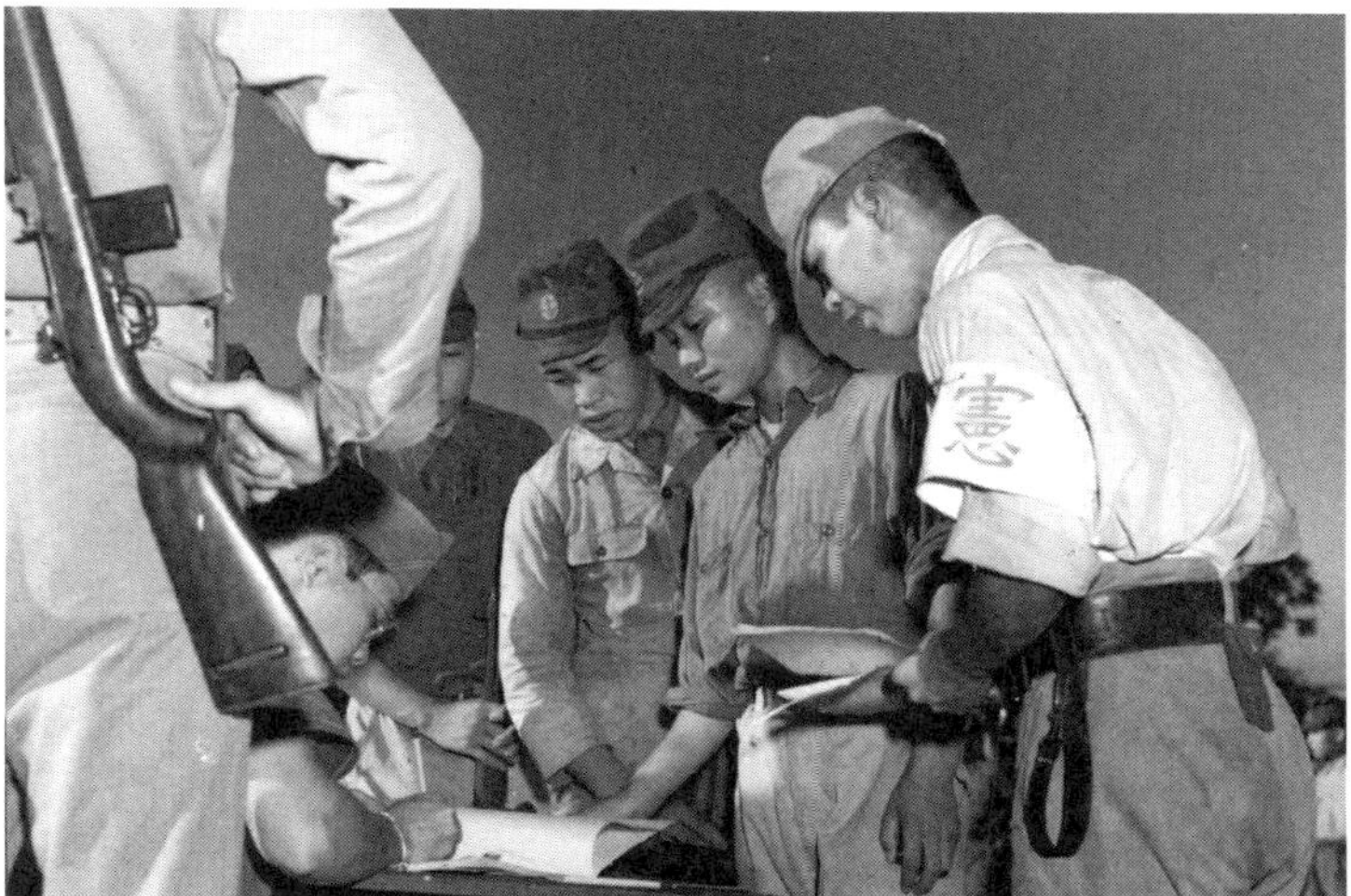

投降者の氏名、階級などの記録作成。日本兵に対応するのは、日系アメリカ人の憲兵（MP：Military Police）で、日本語の「憲兵」の腕章をつけている（1945年12月1日）。

アメリカ軍のおこなう身体検査の順番を待つ大場部隊の兵士たち。長く苦しい戦いが終わり、笑みがこぼれる（1945年12月1日）。

日本兵たちは、三八式歩兵銃を地面に横たえると、後ろへ退がった。アメリカ軍兵士が列の端から歩み寄り、一挺ずつ日本兵が置いた小銃を拾い、脇に抱えた。

整列した部隊の中央にいた大場大尉は、正面にいたハワード・G・カージス中佐に歩み寄ると、ふたたび軍刀を抜き、刀を自身の顔の正面に停止させ刀礼をした。そして刀を鞘に納めると、ベルトの結び紐をほどき鞘ごと引き抜いて、それを両手で水平に捧げ、カージス中佐に差し出した。カージス中佐は、両手を伸ばし、大場大尉の軍刀を受け取った。大場大尉が頭を垂れると、カージス中佐もぎこちなく答礼した。近くにいたアメリカ人記者たちは、この光景を撮影するのに忙しく動き回っていた。

四七人の日本兵たちは、武装解除の後に記

大場栄大尉　行動図

1944年6月10日～1945年12月15日

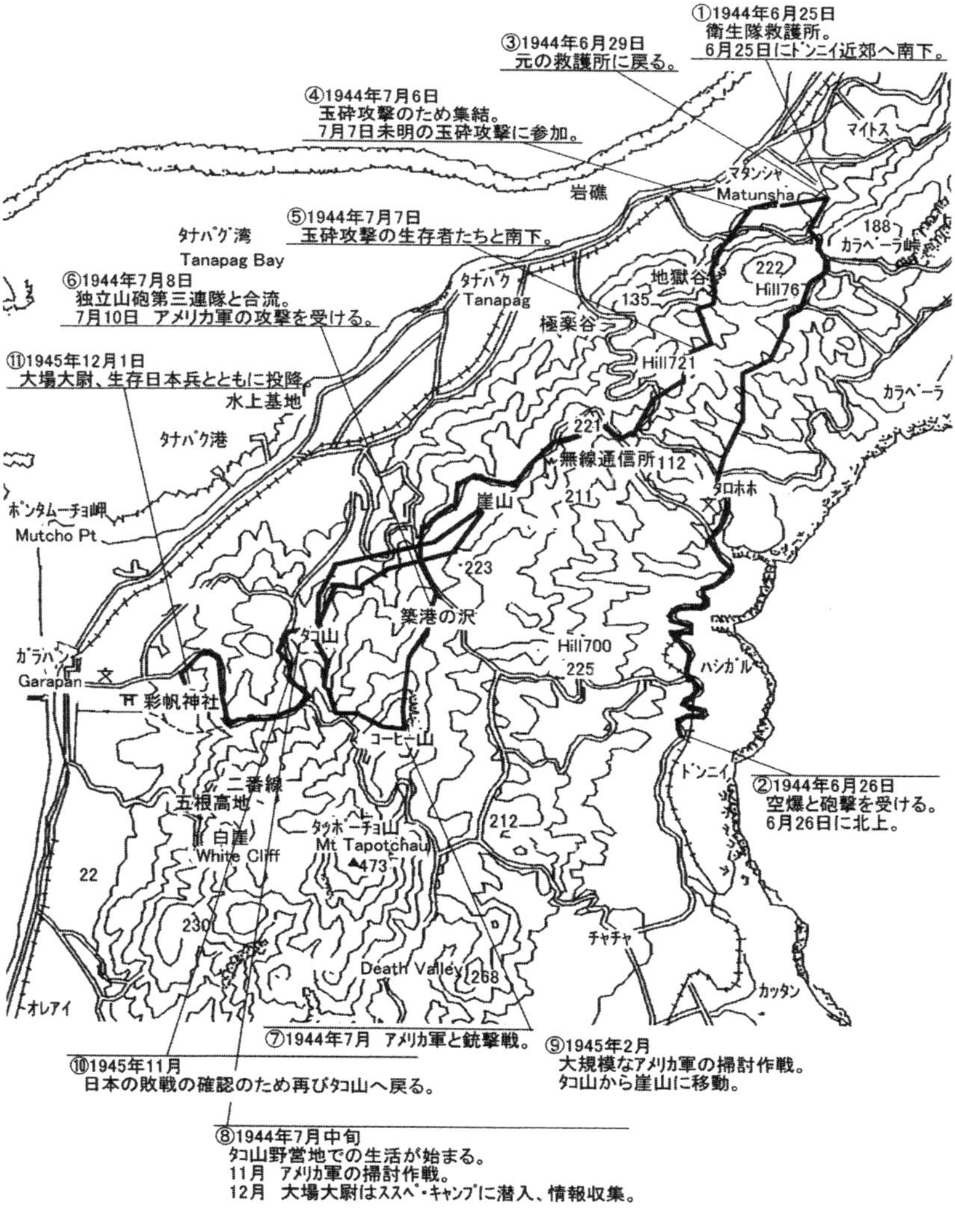

①1944年6月25日
衛生隊救護所。
6月25日にドンニイ近郊へ南下。
②1944年6月26日
空爆と砲撃を受ける。
6月26日に北上。
③1944年6月29日
元の救護所に戻る。
④1944年7月6日
玉砕攻撃のため集結。
7月7日未明の玉砕攻撃に参加。
⑤1944年7月7日
玉砕攻撃の生存者たちと南下。
⑥1944年7月8日
独立山砲第三連隊と合流。
7月10日　アメリカ軍の攻撃を受ける。
⑦1944年7月　アメリカ軍と銃撃戦。
⑧1944年7月中旬
タコ山野営地での生活が始まる。
11月　アメリカ軍の掃討作戦。
12月　大場大尉はススペ・キャンプに潜入、情報収集。
⑨1945年2月
大規模なアメリカ軍の掃討作戦。
タコ山から崖山に移動。
⑩1945年11月
日本の敗戦の確認のため再びタコ山へ戻る。
⑪1945年12月1日
大場大尉、生存日本兵とともに投降。
マイトス
マタンシャ
Matunsha
岩礁
188
カラベーラ峠
222
Hill76
地獄谷
135
極楽谷
タナパグ湾
Tanapag Bay
タナハク
Tanapag
Hill721
カラベーラ
水上基地
221
タナパグ港
無線通信所
112
タロホホ
211
ポンタムーチョ岬
Mutcho Pt
崖山
223
築港の沢
タコ山
Hill700
225
ハシガル
ガラパン
Garapan
彩帆神社
コーヒー山
ドンニイ
二番線
五根高地
212
タッポーチョ山
Mt Tapotchau
473
白崖
White Cliff
22
230
チャチャ
Death Valley
268
カッタン
オレアイ

念写真を撮影することをアメリカ人記者に促された。カージス中佐は安堵の笑みを浮かべ、その様子を見ていた。日本兵たちは、大場大尉と田中中尉を前列の真ん中にし、島の西海岸の海を背景に集合写真におさまった。海上のアメリカ軍の輸送船と艦艇も、彼らと一緒に写真におさまった。もう兵士たちの顔からは緊張が消えていた。最後まで生き残って戦ったという達成感が、彼らの気持ちを満たしていた。アメリカ軍兵士たちに礼をつくした対応を受け、憎しみや恨みさえ氷のように解けていくようだった。

それから兵士たちは全員が、身体検査のため裸になった。広場に張られたテントの中に医者と看護婦がいて、伝染病の有無や皮膚病などを検査した。裸になってテントの前に列をつくる日本兵たちの顔にはいつの間にか笑みがこぼれ、仲間と交わす言葉も陽気だった。

今日もいつものように、南国の太陽が高く上ると、いつものじりじりとした暑さが訪れた。日本軍守備隊の壊滅から約一六カ月、終戦から三カ月の間、苦しみながら持久戦を続けてきた兵士たちの姿を見て、大場大尉の心は、いくらかは責任を果たし安堵する気持ちに満たされた。それと同時に彼は、この島の悲惨な戦いで死んでいった多くの者たちの顔を想い浮かべ、改めて胸に刻み込んだ。

大場栄大尉は今、ひとつの大きな責務から解かれたが、日本に帰ったなら、また新たな責任と使命を担って生きていく覚悟だった。そうすることが、戦争で無念にも命を絶たれた人びとへの唯一の慰霊に違いない。そのように彼は考えていた。遠く西の海上に視線を走らすと、島を囲む岩礁にくだける白波が穏やかな渦を巻いている。かつて、激しい炸裂音と硝煙のなか、この海と海岸を埋めつくしたアメリカ軍上陸部隊は、その名残として赤錆びた舟艇をいくつか波間に残しているだけだった。

四七人目の日本兵

大場部隊の投降の後、島の奥地に潜伏していた数人の日本兵がアメリカ軍に投降し、すべての日本兵はサイパン島での長く苦しい戦いを終えた。一九四五年十二月一日に投降した大場栄大尉以下の四七人については、まだ明らかになっていない事実がいくつかある。

彼ら四七人のなかに弱冠一八歳の少年がいた。実は彼は日本兵ではなく、沖縄県出身のサイパン実業学校の三年生だった。名を新垣三郎という。アメリカ軍がサイパン島に上陸し、日本軍守備隊を駆逐しながら北上すると、北へ避難する民間人の群れのなかに新垣三郎もいた。彼は島北端のマッピ岬の断崖に立ち、次々と人びとがそこから投身自殺するのを目の当たりにする。新垣三郎も同じ運命をたどろうと絶壁の端へ歩を進めたとき、遥か水平線に虹を見た。その虹になにか人間を超えた大きなものの存在を感じ、死ぬことを思いとどまったという。

それから数日後、新垣三郎は他の民間人とともにアメリカ軍に捕らえられ、ススペ・キャンプに収容された。捕虜となった後は、まったく想像しなかったような環境におかれた。収容所では飲み水や食糧に不自由することなく、そこでの生活は密林のなかの逃避行より遥かに快適だった。ススペ・キャンプには、ひとつの町に相当する大勢の人びとが収容されていた。日本人が約一万〇四〇〇人、そして朝鮮半島出身者や台湾人約一三〇〇人である。日本人のほとんどが国策としてこの島に移住してきた人びとだったが、軍事警察と司法警察を任務とする憲兵、軍関係者である軍属、そして軍服を脱ぎ捨て民間人になりすましてアメリカ軍の捕虜となった少数の日本兵が交ざっていた。

収容者は生活のために必要な仕事を、班を決め分担しておこなうことがアメリカ軍から命じられていたが、収容所内には自由があり、けが人や病人は収容所の近くの病院で治療を受けることもできた。ススペ・キャンプに収容された一万人以上の多様な人びとは、そこでの生活に落ち着くと、次第にそれぞれの思惑や信じるところに従い、活動を始めるようになった。憲兵や身元を隠した日本兵は、収容所のなかから島で持久戦を続ける大場大尉の部隊など日本兵を支援することに使命感を強めた。彼らの一部の者たちは、収容所の食糧を集めて深夜、歩哨の目を盗んでキャンプを抜け出し、「タコ山」の大場部隊の野営地にそれを届けたりした。また島で暮らしてきた一般の人びとのなかにも、祖国や日本軍のためにできることはなんでもしたいとの感情が芽生えた。新垣三郎もそのひとりだった。

一方、朝鮮半島出身者は、日本人に対する反感を強めた。彼らは、すべてではないが多くの者たちが強制的にこの島に連行されてきた労働者で、また島では差別的な待遇を受けてきた。朝鮮半島出身者は、収容所内の憲兵たちの活動を妨害し、その秘密の活動をアメリカ軍憲兵に密告した。このような状況では当然、争いごとが起きる。それは暴力、さらに殺人へと過激さを増していった。

一九四五年八月十五日、日本が無条件降伏をしたことがサイパン島にも伝わった。これを境に収容所内の日本人の間にも大きな対立が生まれた。それは日本の敗戦を認める者たちと、敗戦はアメリカ軍の流すデマであり、信じてはいけないと主張する者たちだった。日本の敗戦を認める者たちのなかには、天皇制や日本軍に対する批判を公然と口にする人びともあらわれた。

まだ一八歳の新垣は、「タコ山」の大場部隊を支援する土屋憲兵伍長を尊敬し、その仲間となっていた。一九四五年九月に、日本の敗戦を信じ、日本政府と天皇を批判していたひとりの日本人が収容所内で殺害された。数日後、またひとりが殺された。この連続殺人は、土屋憲兵伍長が新垣に命じたとの説があるが、詳細は不明で事件の解明はされていない。殺人事件の直後、新垣は、土屋憲兵伍長の助けで、ススペ・キャンプを脱出、山中にこもる大場部隊にあずけられた。大場栄大尉は、新垣について土屋憲兵伍長からどんな説明を受けたのだろうか。新垣が民間人であることは明らかだった。しかし大場大尉は、彼を軍人として彼の部隊の一員に加えた。

新垣三郎は、一九四五年年十二月一日に大場部隊とともにアメリカ軍に投降したが、その後、アメリカ軍の尋問で身元が明らかになった。アメリカ軍の憲兵に逮捕された彼は、アメリカ海軍軍事法廷（American Naval Martial Court）で絞首刑の判決がくだされた。しかし弱冠一八歳の新垣は、死刑が執行される前に減刑されて終身刑となった。そしてハワイの刑務所で九年間服役後、一九五四年に大統領の恩赦によって釈放された。彼は獄中生活のなかで聖書を読み、その影響を強く受けキリスト教の信者となっていた。日本に帰国した新垣は、郷里の沖縄で牧師として生きた。

投降の数カ月後に帰国した大場栄大尉は、故郷の愛知県に戻り、妻や家族との再会をはたした。彼は一九五二年から一九九二年まで丸栄産業代表取締役、一九六七年四月から一九七九年三月まで蒲郡市議に在任した。一九九二年六月八日に亡くなっている。

戦後、平和日本の礎となった多くの人びとと同じく、大場大尉もひたすらに生きた。

おわりに

大場栄大尉と田中徳祐中尉（階級については諸説あり）。サイパン島日本軍守備隊が壊滅した後、残存日本兵を率いた、きわだった指揮官だった二人。大場栄大尉については、Don Jones *"Oba, the Last Samurai: Saipan 1944-45"* Presidio Pr (1986/06)（日本語訳は『タッポーチョ――「敵ながら天晴」大場隊の勇戦512日 長編記録小説』中村定訳 一九八二年）、そして田中徳祐中尉については、彼自身が著者となる『我ら降伏せず――サイパン玉砕戦の狂気と真実』（立風書房、一九八三年）がある。サイパン島の戦い全般と背景は、防衛庁防衛研修所戦史室『戦史叢書 中部太平洋陸軍作戦1 マリアナ玉砕まで』（朝雲新聞社 一九六七年）が、詳細かつ客観的にまとめている。

"Oba, the Last Samurai: Saipan 1944-45" は、サイパン島で戦った元海兵隊兵士ドン・ジョーンズが、戦後に愛知県の大場栄の家を訪ね、聞き取りをしながら書いた書籍である。史実にもとづく戦記であるが、部分的にフィクションがあり、何人かの登場人物も仮名で、その作品のジャンルは長編記録小説としている。田中徳祐著の『我ら降伏せず――サイパン玉砕戦の狂気と真実』には、サイパン戦においてアメリカ軍の組織的ともとれる日本人に対する残虐行為、アメリカ軍機撃墜など、かなり衝撃的な内容がある。こうしたことがらは、今さら検証しようもないだろう

が、事実誤認だった可能性も否定できない。とはいっても、この二冊の書籍は日本兵の視線からの、今の私たちには想像できないようなサイパン島での熾烈な戦闘を描きだしている。

ここで若干述べておきたいのは、終戦後の一九四五年十一月、大場部隊をはじめとする日本兵たちは、彼らの今後について話し合いをし、降伏あるいは停戦について、アメリカ軍との交渉を決めた。そして実際に一人ないし二人が、アメリカ軍（第二海兵師団）駐屯地でアメリカ軍将校と交渉している。しかし *"Oba, the Last Samurai: Saipan 1944-45"* と『我ら降伏せず——サイパン玉砕戦の狂気と真実』では、そのことがらに関係した日米の人物、交渉経緯や内容がかなり異なっている。おそらく大場栄大尉と田中徳祐中尉とは、これらの問題について意見の対立があったのではないかと想像される。本書では、当時のサイパン島で発行されたアメリカ軍兵士向けの新聞（"The Daily Target", Dec. 2, 1945, "REMNANTS OF JAPANESE FORCES ON SAIPAN AS THEY SURRENDERED YESTERDAY"）で報じられた内容にもとづき記述した。

戦後、サイパン戦の過酷な状況を書きつづった本は、かなりの数が出版されている。著者たちの多くは、この戦いに身を投じた日本兵やアメリカ兵、また島で逃避行の末になんとか生き残った民間人である。このなかで、もっとも悲劇的に兵士たちが描かれているのは、おそらく菅野静子『戦火と死の島に生きる』（偕成社、一九八二年）だろう。著者の菅野静子（旧姓三浦）はサイパン島へ渡った移民のひとりで、日本軍の野戦病院で、負傷した日本兵の看護を懸命におこなった。治療に必要な設備や医薬品などすべてが欠乏する状況での、重傷を負った兵士たちの悲惨さは恐ろしいほどである。彼女自身、最後には崩壊していく日本軍部隊を離れ、手榴弾で自決をはかるが一命をとりとめ、アメリカ軍に保護されている。

最後に、本書を出版するにあたり、この本の企画を提案し、原稿を書き上げるまで多様なアドバイスをいただいた現代書館編集部長の吉田秀登氏、そして私の職場のもと同僚だったノンフィクションライターの澤宮優氏に深く感謝申し上げる。

二〇一一年一月

秋元健治

参考文献一覧

Don Jones ***"Oba, the Last Samurai: Saipan 1944-45"*** Presidio Pr (1986/06)（日本語訳は『タッポーチョ――「敵ながら天晴」大場隊の勇戦512日 長編記録小説』中村定訳、一九八二年）

"Breaching the Marianas : The Battle of Saipan" Captain Jhon C. Chapin U.S. Marine Corps Reserve, Marine Corps Historical Center, 1994

First Lieutenant Jhon C. Chapin, USMCR, "The 4th Marine Division in World War II" 1945 Edition

"The Daily Target", Dec. 2, 1945, 'REMNANTS OF JAPANESE FORCES ON SAIPAN AS THEY SURRENDERED YESTERDAY'

"The 4th Marine Division in World War II" History and Museums Division, Headquarters, U.S.Marine Corps, Washington, D.C

Philip A.Crowd "Campaign in the Marianas"

27th Infantry Division Headquarters "Report of Intelligence Activities 27th Infantry Division, Saipan Operation"

4th Marine Division Headquarters "Fourth Marine Division Operations Perort Saipan 15 June to 9 July 1944"

防衛庁防衛研修所戦史室『戦史叢書　中部太平洋陸軍作戦1　マリアナ玉砕まで』朝雲新聞社、一九六七年

野村進『日本領サイパンの一万日』岩波書店、二〇〇五年

ロバート・シャーロッド『死闘サイパン――太平洋戦争運命の分岐点』日本リーダーズダイジェスト社、一九七一年
田中徳祐『我ら降伏せず――サイパン玉砕の狂気と真実』立風書房、一九八三年
菅野静子『戦火と死の島に生きる――太平洋戦サイパン島全滅の記録』偕成社、一九七〇年
毎日新聞社『決定版　昭和史（第11巻）』毎日新聞社、一九八二年
星亮一『南雲忠一――空母機動部隊を率いた悲劇の提督』ＰＨＰ研究所、二〇〇八年
平櫛孝『サイパン肉弾戦――玉砕戦から生還した参謀の証言（改訂新版）』光人社、二〇〇六年
保阪正康『昭和陸軍の研究〈下〉』朝日新聞社、二〇〇六年
佐藤和正『玉砕の島――太平洋戦争激闘の秘録』光人社、二〇〇〇年
牧野弘道『戦跡を歩く』ホーム社、集英社、二〇〇二年
大野俊『観光コースでないグアム・サイパン』高文研、二〇〇一年
毛利恒之『地獄の虹――新垣三郎／死刑囚から牧師に』講談社、二〇〇五年

秋元健治（あきもと　けんじ）

青森県弘前市出身。

早稲田大学社会科学部卒業、東北学院大学大学院経済学研究科修了（経済学修士）、岩手大学大学院連合農学研究科修了（農学博士）。

現在、日本女子大学　家政学部家政経済学科　准教授。

著書、『悠久の大地――インド農村物語』（一九九一年　第一書林）、『かえらざる祖国――占領地パレスチナ最前線』（一九九二年　第一書林）、『ボルネオ・熱帯雨林・ペナン族――失われる環境と人間』（一九九七年　第一書林）、『むつ小川原開発の経済分析――巨大開発と核燃サイクル事業』（二〇〇三年　創風社）、『核燃料サイクルの闇――イギリス・セラフィールドからの報告』（二〇〇六年　現代書館）、『戦艦大和・武藏――そのメカニズムと戦闘記録』（二〇〇八年　現代書館）、『覇権なきスーパーパワー・アメリカの黄昏』（二〇〇九年　現代書館）、『真珠湾攻撃・全記録――日本海軍・勝利の限界点』（二〇一〇年　現代書館）

玉《たま》と砕《くだ》けず
――大場大尉・サイパンの戦い――

二〇一一年二月二十日　第一版第一刷発行

著　者　秋元健治
発行者　菊地泰博
発行所　株式会社現代書館
東京都千代田区飯田橋三―二―五
郵便番号　102-0072
電　話　03（3221）1321
FAX　03（3262）5906
振　替　00120-3-83725
組　版　具羅夢
印刷所　平河工業社（本文）
東光印刷所（カバー）
製本所　矢嶋製本
装　幀　伊藤滋章

校正協力・岩田純子
 ISBN978-4-7684-5652-1
定価はカバーに表示してあります。乱丁・落丁本はおとりかえいたします。
http://www.gendaishokan.co.jp/